旅游文化与管理系列丛书

融合·集聚·演化

——文化旅游产业创新系统演化理论与实践研究

杨春宇　张　洁　著

科学出版社

北　京

内 容 简 介

本书首先构建了文化旅游产业创新系统演化理论体系，从系统科学视角切入，提出文化与旅游产业二者在融合基础上形成一个由内核系统与调控系统构成的创新系统；其次，在分析创新系统动力机制基础上构建文化旅游产业集聚量测模型及量测指标体系；最后，以中国31个省（区、市）为样本运用PEF模型进行实证研究，并从差异度、均衡度和模式选择与分类等方面对量测结果进行分析，初步探讨了文化旅游产业创新系统类型、演化路径及聚集模式。

本书可供高等院校旅游专业师生、旅游科研人员、政府决策者、旅游规划设计人员、旅游行业管理人员和旅游景区高层管理人员参考和阅读。

图书在版编目(CIP)数据

融合·集聚·演化：文化旅游产业创新系统演化理论与实践研究 / 杨春宇，张洁著. — 北京：科学出版社，2023.9（2025.3 重印）
（旅游文化与管理系列丛书）
ISBN 978-7-03-076129-3

Ⅰ. ①融… Ⅱ. ①杨… ②张… Ⅲ. ①旅游业-产业融合-文化产业-研究-中国 Ⅳ. ①F592.3 ②G124

中国国家版本馆 CIP 数据核字(2023)第 150343 号

责任编辑：韩卫军 / 责任校对：彭　映
责任印制：罗　科 / 封面设计：墨创文化

科 学 出 版 社 出版
北京东黄城根北街16号
邮政编码：100717
http://www.sciencep.com

四川青于蓝文化传播有限责任公司印刷
科学出版社发行　各地新华书店经销
*
2023年9月第　一　版　开本：B5（720×1000）
2025年3月第二次印刷　印张：7 1/4
字数：150 000

定价：89.00 元

前　　言

经济全球化正推动着文化的全球化，全球文化产业、旅游产业已进入一个蓬勃发展，且相互融合、相互促进的重要时期。二者在融合创新基础上已成为促进国家、区域、产业发展的重要动力来源和演化路径。无论是文化变迁，还是旅游地演化，其内在逻辑都是“存在与演化”，是发生和演化着的，文化旅游演化发展亦是如此。

目前，对文化、旅游产业互动的理论与实践研究尚显粗浅，缺乏从概念体系、理论基础、研究方法上对两类产业的互动模式、融合机制与规律性开展的深层次、系统性研究。事实上，文化、旅游产业融合互动是两个具有独立结构与功能的系统以创新为演化驱动力对各自产业进行耦合重组，最终集聚形成涵盖两大产业核心要素，能激发出全新产品与服务模式的创新系统。应用传统研究方法对该创新系统进行简单的机械式拆解是无法洞悉其演化机制与规律的，必须运用整体性思维与关联性思维对其进行分析和考察。

本书在坚持系统演化基本范式的基础上，以系统科学探究方式为基本工具，并充分吸纳文化生态学、产业集聚融合、文化变迁理论、创新理论等一些新兴理论体系，针对文化旅游产业创新系统演化这一旅游学科研究的核心问题，从内在动力机制与规律、产业集聚与效用分析等层面思考，具体对以下三个方面进行探讨。

1. 文化旅游产业创新系统演化理论体系构建

本书以系统科学理论为指导，提出文化与旅游产业通过耦合形成具有不同层次结构与功能的创新系统。该系统以创新为演化驱动力，以耦合为演化机制，以集聚为演化路径；该创新系统具有周期性振荡发展的特性。本书在此基础上尝试构建一套以文化旅游产业创新系统结构、功能和演化过程的可持续性为目标，包含研究对象、概念体系、理论基础、内容体系、研究方法与实现途径的文化旅游产业创新系统演化理论体系。

2. 文化旅游产业创新系统演化机制与规律性

本书提出把文化、旅游产业耦合并嵌于文化旅游产业创新系统中，认为耦合不仅把创新系统构成元素组合起来，还在更高结构层次上如桥梁般把文化与旅游产业两个子系统连接起来，从而在一定时间、空间和形态范围内构成某种稳定的结构模式。其中，文化旅游产业创新系统以创新为演化驱动力(创新作为文化旅游产业创新系统演化的“发动机”，为其提供源源不断的演化动力)，以耦合为演化机制(耦合诠释了文化旅游产业创新系统演化内稳机制起源这一核心问题，它为构建文化旅游产业创新系统基础理论研究提供了理论指导)，以集聚为演化路径。由此，具有整体特征的文化旅游产业创新系统也就产生了。

与此同时，经济活动总体趋势呈现出振荡波动，且周期性变动的特征，文化旅游产业创新系统演化过程必然服从于“周期性振荡”这个客观规律。也就是说，任一文化旅游产业创新系统必将经历从产生到消亡的过程，并相应形成一条不以人们意志为转移的“S”形演化曲线，系统任一构成要素发生较大变化都会导致系统内部矛盾或外部条件发生力量失衡，从而产生系统振荡并对其演进产生重大影响。

3. 文化旅游产业创新系统集聚模型及其量测研究

本书将文化旅游产业创新系统演化动力分为系统内核驱动力、外部环境驱动力以及二者的合力，它们是推进创新系统集聚发展的综合动力，且具有方向性和数量性。由此可借鉴物理学矢量平行四边形法则求解系统综合动力，并结合熵值权重法与模糊隶属度函数模型构建文化旅游产业创新系统集聚模型(PEF①模型)。根据创新系统内核驱动力和外部环境驱动力的不同组合，求解并探寻不同类型文化旅游产业创新系统集聚分级、分类模式。

参与本书撰写的人员主要有杨春宇、张洁。本书只是作者在文化旅游产业融合创新研究领域的初步探索成果。由于作者水平有限，书中难免有不妥之处，敬请广大读者批评指正。

---

① PEF(parallel law，矢量平行四边形法则；entropy-weight method，熵值权重法；fuzzy membership function，模糊隶属度函数模型)。

目　　录

第1章 绪 论

全球化的冲击使整个世界的变迁过程更趋复杂。在经济全球化的背景下，全球化不仅是一个经济问题，还是一个重要的文化问题，即经济的全球化正在推动着文化的全球化(朱竑 等，2008)。与此同时，全球文化产业、旅游产业也进入一个蓬勃发展，且相互融合、相互促进的重要时期。二者在融合创新基础上已成为促进国家、区域、产业发展的重要动力来源；文化创新与旅游创新的有机结合，既是国家、区域、产业升级的重要方式，也是文化产业与旅游产业发展的必然要求和演化路径。

笔者以“cultural tourism”为关键词在爱思唯尔(Elsevier)数据库、以“文化旅游”为关键词在中国知网(China National Knowledge Infrastructure，CNKI)上检索(检索时间为2022年1月12日)，共得到107815条结果。由表1-1和表1-2可见，“文化旅游”相关研究成果数量整体上呈逐年递增趋势，且增长速度在2013年之后有明显提高。由此可见，文化旅游已引起了人们的广泛关注，对其进行的研究亦逐渐升温(图1-1、图1-2)。

表1-1 1985～2021年国内“文化旅游”研究成果数量表 (单位：条)

年份	1985～2008	2009	2010	2011	2012	2013	2014
数量	11781	3817	4505	3720	3541	3582	3744
年份	2015	2016	2017	2018	2019	2020	2021
数量	3921	3996	4154	4344	5041	4674	4848

表1-2 1985～2021年国外“文化旅游”研究成果数量表 (单位：条)

年份	1985～2008	2009	2010	2011	2012	2013	2014
数量	11304	1113	1054	1358	1599	1796	2035
年份	2015	2016	2017	2018	2019	2020	2021
数量	2488	2491	2544	2865	3031	3751	4718

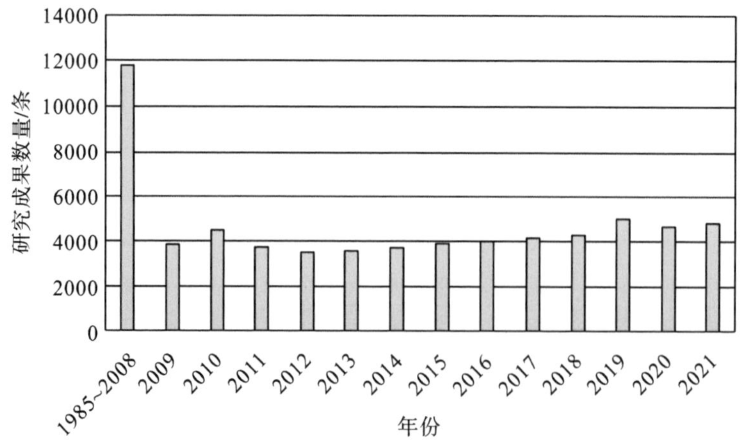

图 1-1 1985～2021 年国内“文化旅游”研究成果数量柱状图

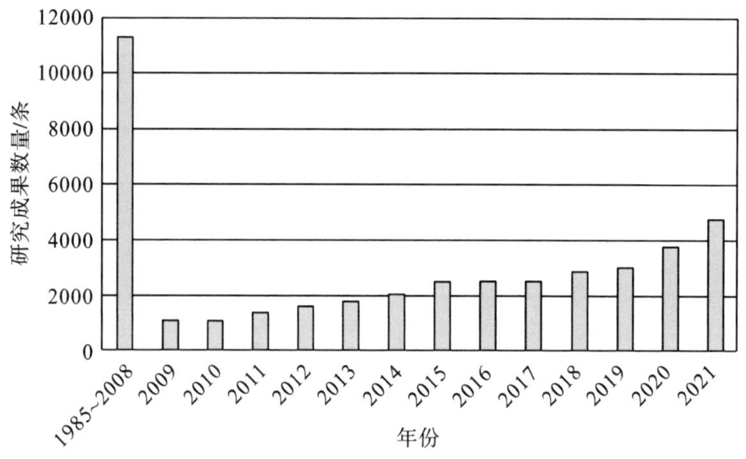

图 1-2 1985～2021 年国外“文化旅游”研究成果数量柱状图

什么叫“文化”？在纷繁复杂的“文化”定义当中可以发现，视角不同、观念不同、技术方法不同、定义的内涵与外延的界定不同都会对“文化”产生不同的理解。但无论这些定义有多大的差异，对“文化”的界定都必须包含这样一个内核，即：文化是人类创造的精神成果和物质成果的总和。卢克·拉斯特(2008)对其进行了如下界定：在人类学意义上，文化是一个共享和协调的意义系统，这一系统是人们通过阐释经验和产生行为而习得并付诸实践的知识所获知的。在美国颇受欢迎的两本人类学教材里①，文化被理解为共享与协调的意义系统，人们用它来解释经验、生成行为，以行为反映意义(赵红梅，2014)。

① 一本是美国人类学家康拉德·菲利普·科塔克的《人类学：人类多样性的探索》(*Anthropology: The Exploration of Human Diversity*)(第 12 版)；另一本是威廉·A.哈维兰的《文化人类学》(*Cultural Anthropology*)(第 10 版)。

什么是“文化旅游”？这一问题看似简单，但又难以描述和回答，一千个观众眼中有一千个哈姆雷特，每一个文化旅游者都是一种文化旅游活生生的定义(McKercher and Hilary，2002)，也就是说，文化旅游者对文化旅游的定义不尽相同。文化旅游产业也是如此，作为文化旅游产业基础的文化产业(cultural industries)自身也经历了一个演化过程。马克思·霍克海默和西奥多·阿多诺(2020)在其著作中首先提出文化工业(cultural industry)一词，他们用这个概念来批判文化的产品化和商业化，认为文化一旦经过工业生产的大量复制，就会产生商品化、同质化的现象，失去文化应有的特色。20 世纪 80 年代，学界使用文化产业取代了文化工业的说法(即用 cultural industries 代替 cultural industry)，使其具有了新的、不同的内涵与外延。文化产业更加强调创意与人文精神，它虽然也有可能进行大量生产和适度营销，但仍具有文化资产价值，不失美学价值。正如一些文物的复制品，仍然具有一定的文化资本，仍有人类脑力设计、创造的成分(郭为藩，2006)。进一步而言，文化产业可以说是一种自主内发性的、创造性的、人性化的、具有文化内涵的产业，它强调的是创意、品位、特色、风格(叶智魁，2002)。文化产业完全依赖创意、个别性，也就是产品的个性、地方传统性、地方特殊性，甚至工匠或艺术家的独创性，强调的是产品的生活性和精神价值内涵。

事实上，受社会、经济发展需求与国家政策引导的双重影响，世界各国文化、旅游产业互动及研究蓬勃发展。一方面，随着文化旅游产业的快速发展，国内外学者对相关内容进行了大量研究，研究内容主要包括两个方面：①针对诸如演艺业(Daniel，1996；Mason，2004；Li and Lo，2004；李蕾蕾 等，2005)、遗产旅游(Hjalager，2009)、影视业(赵蕾和黄猛，2006)、创意产业(刘志勇和王伟年，2009；张建，2009；杨颖，2009)、会展(庄清娥，2008)、网络游戏(陆晓清，2009)、动漫业(李美云，2008)等某一类型文化产业与旅游产业的互动研究；②从文化、旅游产业互动创新模式、融合价值与意义、结构升级及产业链重构等角度对二者互动现象进行初步探讨(杨颖，2008；徐虹和范清，2008；袁俊，2011)。另一方面，世界各国先后出台多项国家和区域层面的发展战略指导文化与旅游产业的相互融合。

(1)英国：深化政府与社会各界合作。20 世纪 80 年代，英国明确提出了创意产业的概念。英国于 1997 年组建了“创意产业特别工作组”，1998 年出台了《英国创意产业路径文件》，把发展文化创意产业作为振兴英国经济的着力点。

(2)美国：实施全面版权战略。主要政策：一方面设立版权办公室、美国贸易代表署、商务部国际贸易局和科技局、版权税审查庭等行政机构和小组，全面加强版权保护；另一方面不断完善立法工作，先后出台了《反垄断法》《报纸与印刷出版法》《反盗版和假冒修正法案》《反电子盗版法》《电子盗版禁止法》《跨世纪数字版权法》等十几部法律法规。

(3) 日本：大力促进动漫产品等文化创意产品对外输出。一是积极利用外交手段扩大动漫产品的海外影响力。1977 年日本提出“文化外交”政策之后便专门设立了主管文化交流的政府部门，强化与各国之间的文化交流。2006 年，日本外相在“文化外交新设想”的演讲中，提出了以动漫等日本流行文化为主开展外交活动的策略。二是自 1997 年起，日本政府开始每年举行一次动画、漫画、游戏娱乐、新媒体艺术等媒体艺术节，以扩大日本动漫产品的影响力。

(4) 韩国：积极完善文化产业相关法律法规。2008 年，根据《韩国政府组织法修正案》，设立文化体育观光部。该部是国家文化、体育、观光、宗教、媒体、宣传等领域的行政管理部门，负责研究拟定并监督实施相关方针政策、法律法规；制订相关事业中长期发展战略和规划等。2009 年，根据《文化产业振兴基本法》，韩国广播影像产业振兴院、文化产业振兴院、游戏产业振兴院、文化产业中心、软件振兴院和数字化文化产业团合并成韩国文化产业振兴院。合并的目的是主动应对文化环境整合，通过选择和集中，培育综合性文化产业，引导国内市场发展。该机构主要负责制定文化产业振兴政策、积极推进人才培养事业；为文化产业技术研发提供从文化企划、开发到商业化支持；为推动文化产业出口、进军国际市场提供多元化帮助；为数字化广播影像、动漫游戏、市场流通、扩充文化娱乐创作素材提供支持，通过文化产业信息平台管理，开展著作权在线交易。《文化产业振兴基本法》的制定实施使韩国成为世界上制定文化产业促进法最早的国家。1986 年，韩国在实施第六个经济发展五年计划时即提出“文化发展与国家发展同步化”的目标，并相继制定实施《文化产业发展五年规划》《文化产业前景 21》《文化产业推进计划》《文化内容产业发展战略》等文化产业中长期发展战略和计划。完善的法律法规为韩国文化产业的起飞奠定了坚实基础。此外，韩国文化产业的快速发展也与韩国政府多年来的投入与支持以及通过文化产业投资基金进行融资、市场商业化运作密不可分。全球文化产业韩国基金、韩国文化产业基金和文化账户内容基金是韩国目前最主要的 3 家文化产业基金。3 家基金主要用于投资风险小、经营业绩好的影视剧、动漫、游戏等文化创意产业，资金来源为政府、民间各占 50%，通过公开招投标形式选择民间基金管理公司进行管理，市场化运营，自负盈亏。

我国文化部和国家旅游局于 2009 年 8 月联合出台了《关于促进文化与旅游结合发展的指导意见》，为我国文化旅游产业互动创设了浓厚的发展氛围。

世界上任何一个著名的文化旅游胜地、任何一个畅销的文化旅游产品，都是基于文化积淀。事实上，文化旅游产业是以文化内容为核心、旅游业为载体，并经由全球化进行扩散的一个社会、经济、文化现象。文化旅游的灵魂、核心是文化，但如今“文化”一词涵盖了众多内容且边际宽泛，囊括了错综复杂的政治、经济、制度、社会等因素。冯淑华和沙润 (2006) 认为文化旅游纷繁复杂的现象正如系统科学所描述的那样，文化旅游有可能起源于一个既简单又确定的事件，但是把文化旅游活动过程置于整个世界社会、经济、文化发展大背景中则会发现其表现得相当复杂。首先，作为社会的人，文化旅游者具有社会属性和文化属性，文化交流也成了或几乎成了全球性的文化，“跨文化交流”一词在旅游中应运而生。因而，一切与旅游有关的行为、价值取向、文化背景、旅游观等，都有可能对文化旅游过程和结果产生影响；其次，文化旅游作为一种社会现象，凸显了文化旅游者之间、文化旅游者与东道主之间、文化旅游者与文化旅游企业之间、旅游企业与旅游企业之间、旅游企业与当地政府之间的各种关系，这些关系也将对旅游过程和旅游结果产生影响。可见，文化旅游发展过程是复杂的，它是以不同地域之间的人员流动为特征，以游客流动为载体，以精神、文化需求为基础，涉及政治、经济、社会、生态、国际交流与环境等方面的复杂现象；其发展历程具有不确定性，受诸多因素影响，而且这种不确定性是文化旅游产业本身内在机理所产生的①，表现出内在随机性。

与此同时，我们所处的这个世界并不是“静止存在”的，而是“发生和演化着”的，无论是文化变迁，还是旅游地演化，其内在逻辑都不是静止与固态，而是发生和演化着的，文化旅游演化发展亦是如此。就目前而言，包括文化旅游产业发展研究中涉及的东道主与游客的二元结构性行为、旅游地生命周期、文化旅游产业创新、文化旅游产业集聚模式与效应在内的基础理论与运用研究的逻辑分析和演绎范式仍以构成论意义而非生成论意义来考察现实世界的文化旅游活动，仍属于典型的静态思维范式，而这恰恰背离了现实世界生生不息的文化旅游活动及其现象(李杰，2013)。文化旅游研究中也引入了诸如“非线性”的概念以及一般系统论等系统科学方法，并试图将静态逻辑分析和动态考察方式进行所谓的“辩证综合”。正如彭新武和谭克虎(2002)所述，虽然它在尽力尝试着让其研究对象动起来，但在它那里，动态考察往往是作为静态逻辑分析方式的一种补充形式而出现的。真正的动态思维研究范式是从生成论出发，始终坚持用一种“过程”的思维模式对事物进行观察、分析与研究。因而与静态思维主要以纯粹的逻辑分析相区别，在这种理论框架中，逻辑分析只是一种辅助手段。

就目前的研究而言，国内外对文化、旅游产业互动的理论与实践研究尚显粗浅，或是将文化旅游混同于旅游文化进行研究，或是从产业融合角度描述某一类型文化产业与旅游产业融合互动现状，缺乏从概念体系、理论基础、研究方法上对两类产业的互动模式、融合机制与规律性做深层次、系统性研究。事实上，文化产业、旅游产业融合互动是两个具有各自结构与功能的系统以创新为演化驱动

① 一方面，文化的演进与蜕变在时间维度上具有一维性和不可逆性，旅游目的地当地文化一旦受高频旅游活动的影响，其文化特色、原真性就会迅速退出历史舞台；另一方面，文化会通过采借、交流等途径寻求自我完善和自我演进的过程，在此过程中，采借、交流具有随机性、不可预测性。

力对各自产业进行耦合重组的过程，最终集聚形成涵盖两大产业核心要素，能激发出全新产品与服务模式的创新系统。这使得应用传统研究方法对该创新系统进行简单机械式地拆解是无法洞悉其演化机制与规律的，因此必须运用整体性思维与关联性思维对其进行分析和考察。

系统科学探究方式从一开始就是以自然生态、社会现象为研究对象而建立的，因而它完全适合文化旅游产业创新系统演化研究。尤其在当下，随着文化旅游产业发展对旅游地的政治、经济、文化和社会产生正、负面影响，文化旅游产业创新系统演化研究成为全球性的复杂问题，运用这种符合时代发展的思维模式和方法论进行探讨便显得尤为必要。故而本书在坚持系统演化基本范式的基础上，以系统科学探究方式为基本工具，并充分吸纳文化生态学、产业集聚融合、文化变迁理论、创新理论等一些新兴理论体系，针对文化旅游产业创新系统演化这一旅游学科研究的核心问题，从其内在动力机制与规律、产业集聚与效用分析等层面思考，以求做出符合现实文化旅游产业演化的新解释；并对文化旅游产业发展过程中所面临的一系列重大理论问题，如文化旅游产业创新系统的概念内涵、演化理论体系构建及产业集聚效应分析等问题做进一步的探讨。

文化与旅游产业融合互动实则是二者在“越界”基础上以创新为演化驱动力的系统动态耦合过程，二者所形成的创新系统在发展过程中表现出特定的演化机制与规律。这一客观现实要求我们在研究文化旅游产业互动问题时必须有别于以往机械、静态、面向问题的传统思维方式，而应以系统科学思维范式来审视其产生、演化与变迁过程，其研究思路可在深入考察创新系统演化驱动力—解析创新系统构成要素耦合机制与演化规律—梳理创新系统集聚路径—创新系统集聚模型量测基础上，构建一套包含研究对象、概念体系、理论基础、内容体系、研究方法的文化旅游产业创新系统演化理论体系。上述问题是文化与旅游产业融合互动研究的关键核心问题，其理论与实践意义深远且重大。

目前，国内外对文化、旅游产业融合发展、空间集聚现象的研究视角各异，国外学者从早期关注文化旅游生产（Richards and Wilson，1996）、消费与商业机会（Silberberg，1995）、管理（McKercher et al.，2005）等经济视角转向关注文化旅游本真与凝视（Stylianou-Lambert，2011）、文化旅游再生产（Tufts and Milne，1999；Richards and Munsters，2006）等问题；国内学者则更加关注文化与旅游产业耦合（尹贻梅和鲁明勇，2009；鲍洪杰和王生鹏，2010；韦复生，2011）、集聚定量研究（刘定惠和杨永春，2011；张琰飞和朱海英，2012）、绩效指标体系构建及实证研究（张海燕和王忠云，2010；张河清 等，2010；胡惠林和王婧，2012；马勇和陈慧英，2012；刘改芳和杨威，2013），以分析、促进文化旅游产业融合发展。就现状而言，国内文化旅游产业定量研究尚处在集聚模型与指标体系构建探讨阶段，从系统科学视角出发分析其构成、探讨其产业发展动力机制的研究成果较为缺乏。

鉴于此，本书首先从系统科学视角切入，基于本书构建的文化旅游产业创新系统演化理论体系，提出文化与旅游产业二者在融合基础上形成一个由内核与调控部分构成的创新系统；其次，在分析创新系统动力机制基础上构建文化旅游产业集聚量测模型及量测指标体系；最后，以中国 31 个省(区、市)为样本运用 PEF 模型进行实证研究，并从差异度、均衡度和模式选择与分类等方面对量测结果进行分析，初步探讨文化旅游产业创新系统类型、演化路径及聚集模式。

本书是基于文化与旅游两个产业现实融合发展的综合应用性理论研究。研究以近年来我国文化、旅游产业融合互动内涵式发展不足这一现实问题为出发点，以实现理论创新为目的，将规范研究和实证研究相结合。规范研究注重厘清基本概念和正确解释内涵特征，并以此为基础展开理论分析；实证研究在规范研究的基础上展开，将定性、定量分析相结合；定性分析注重系统分析与逻辑范式的运用；定量分析强调研究数据可靠、方法实用可行、手段先进。本书研究思路如图 1-3 所示。

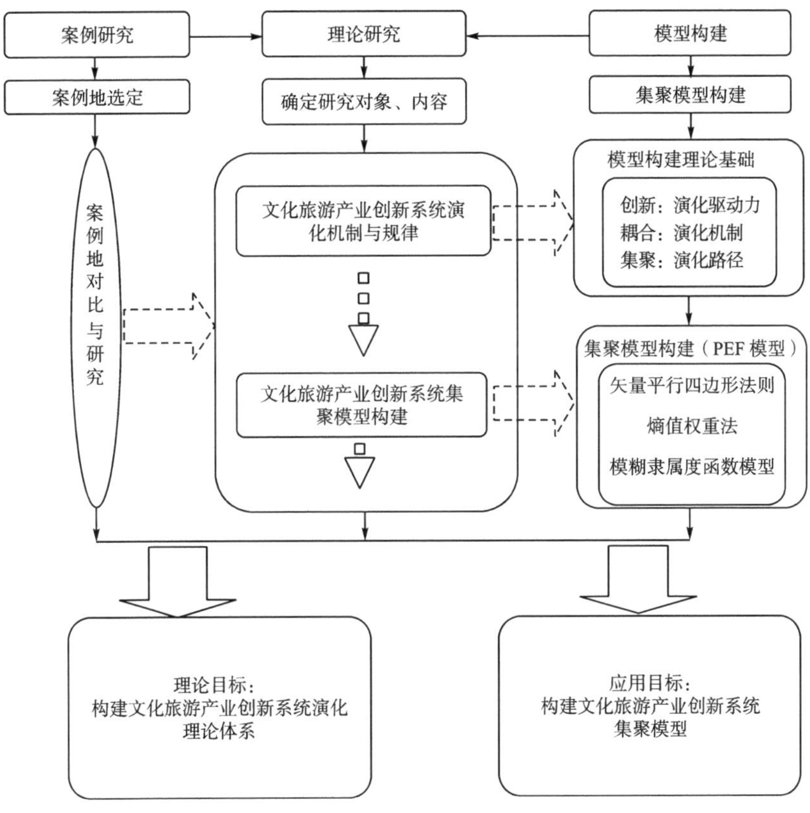

图 1-3　本书研究思路

第 2 章　文化旅游产业创新系统理论基础研究

2.1　文化旅游产业创新系统理论研究脉络

2.1.1　产业创新理论

熊彼特于 1912 年首次提出“创新”的概念及其理论体系，该理论着重强调扮演创新主体角色的企业家所具有的“企业家精神”在创新过程中的重要作用。随后诞生的企业创新理论深受熊彼特创新思想的影响，多将研究视角集中于微观企业的创新行为，注重企业技术创新过程、技术轨迹与范式、技术创新扩散等问题。直到 20 世纪 80 年代，创新系统才真正地进入系统范式，典型代表是国家创新系统理论和区域创新系统理论的诞生(肖宏，2014)。也就是说，对创新系统研究而言，其研究进程主要遵循这样一条主线：熊彼特的创新思想—企业创新系统—国家创新系统—区域创新系统。伴随着这一演进过程，创新系统研究的系统范式也在不断增强(魏江，2004)。肖宏(2014)总结了国家创新系统理论典型代表性成果，如 Freeman(1987)、Nelson(1993)、Edquist(1997)以及 OECD(1997)都分别对国家创新系统的概念和构成要素做了界定与阐述。概括起来，国家创新系统大致包含三个层面的基本内涵和要素，即：拥有一套完整的机构和制度，拥有促进知识创新与扩散的关系网络，拥有一套创新成果流通、共享以及对合法权益给予保护的保障支持系统。Krugman(1991)、Cooke 和 Morgan(1998)、Asheim 和 Isaksen(2002)等对区域创新系统进行了研究，虽然观点有所不同，但大致都将区域创新系统归结为一种介于国家创新系统和亚国家创新系统之间的新系统。区域内企业的竞争与合作促使大量关系网络产生，这种关系网络的扩展与深化都会增强区域竞争力。

Malerba(2006)基于上述成果，借鉴进化经济学理论正式提出产业创新系统的概念和研究框架，他认为产业创新系统由知识与技术、行为者与网络及制度三个模块组成。各种参与行为者通过信息交流、合作、竞争等方式，影响着产业创新系统独特的知识基础、技术、需求和供给等因素，产业创新系统最终通过这些因素得以演变、形成和发展。

由此可见，产业创新系统理论研究从系统科学视角出发，关注产业内各主体之间的耦合与交互作用，详尽地分析了产业领域内创新行动的影响因素及其作用机理。近年来，产业创新系统理论对金融、生物、石化等产业创新活动的分析与运用较多，但不同产业创新要素构成及相互作用关系存在差异(王明明 等，2009)，在具体产业分析时需根据产业特征进行适当调整(Mehrizi and Pakneiat，2008)。冯臻(2015)基于产业创新系统理论，从文化要素投入、产业知识技术、产业网络、制度政策等子模块的交互作用关系出发，构建了我国文化产业创新系统的结构模型(图2-1)。

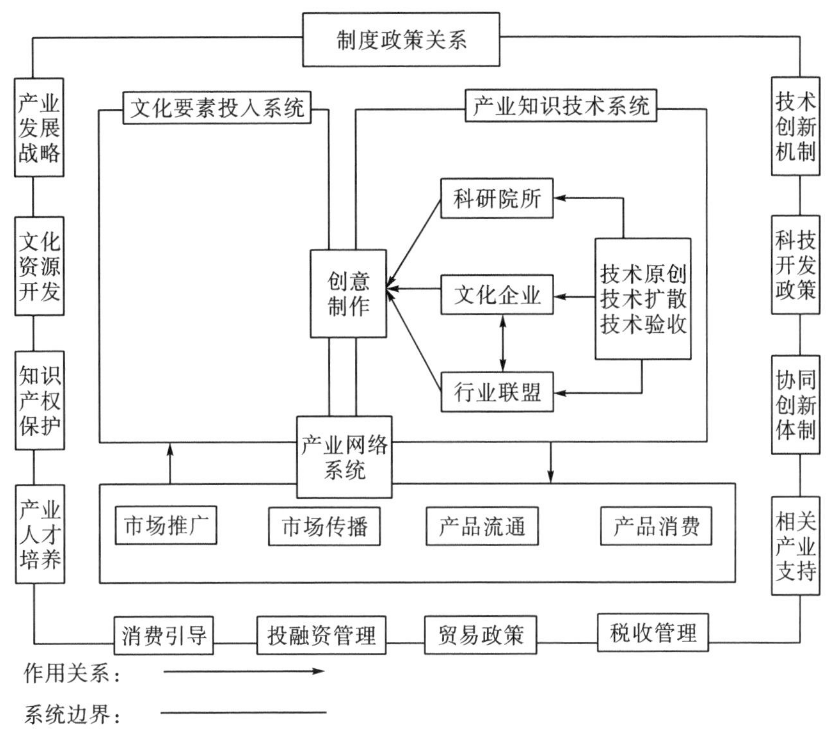

图2-1 文化产业创新系统的结构模型

将创新研究运用于旅游业源自20世纪90年代，Sundbo(1997)首次将创新系统理论运用到服务业，并提出“服务创新系统”的概念。之后，国内外旅游创新研究硕果累累(郭峦，2012；宋慧林和宋海岩，2013；曾艳芳，2013；朱梅和魏向东，2014)，笔者在整理、归纳、分类的基础上将涉及文化旅游产业创新的文献分为创新特征、创新机制、创新管理三方面。

文化旅游产业创新特征研究主要包括创新方式和创新类别两方面。其中，文化旅游产业创新方式研究分为两类。①以文化“核心象征”提炼为主的主题乐园。例如，将动漫“核心象征”这一文化知识产权(intellectual property，IP)与旅游业有机结合在一起的世界第一个文化旅游主题公园——迪士尼乐园(1955 年)、美国夏威夷波利尼西亚主题文化园(1963 年)、大型歌舞实景演出(如我国著名的印象·刘三姐、印象·大红袍、禅宗少林之系列大型实景歌舞展演)。②以民俗文化“氛围”展示为主的各类非物质文化遗产旅游。例如，1997 年摩洛哥马拉喀什老城创建了一个名为“保护吉马·埃尔弗纳广场大众文化表达形式联合会”的非政府组织，魔术师、吟游诗人、音乐家、说书艺人和舞蹈家在该组织的号召下云集该广场，使其成为多民族观众和各国游客观看表演的场所，成为文化多样性的交汇点；我国传统少数民族节庆活动(如苗族“三月三”、傣族“泼水节”、水族“端节”、蒙古族“那达慕”等)、传统社会公共活动(如庙会、祭祖)，还有集中体现一个特定区域内人民生活、信仰、文化的生活空间(如天主教宗教色彩浓厚的梵蒂冈城、俄罗斯塞梅斯基文化空间、约旦皮特拉和瓦迪鲁姆的贝都因人文化空间等)(张晓萍和李鑫，2010)。另外，目前国内外对文化旅游产业创新类别的理解大多基于经济学家熊彼特提出的创新理论。旅游创新类型则以 Hjalager 1997 年提出、2002 年修正的五种旅游创新分类为代表。我国学者胡惠林(2006)、朱竑等(2004)、杨猛和石培基(2006)从不同视角、不同层面研究了我国文化旅游产品的创新途径与策略。

文化旅游产业创新机制是指为实现创新，文化、旅游产业构成要素相互融合，并在一定时空和形态范围内构成不同层次的稳定结构模式。其中，文化旅游产业创新的发展应包括宏观层面的系统化发展、中观层面的规模化发展和微观层面的要素化发展。宏观层面的系统化发展正如前所述，英国、美国、中国、韩国、日本等国家陆续出台了国家层面的创意产业、文化旅游创新发展意见。中观层面规模化发展的典型例子包括美国洛杉矶电影、电视与音乐产业，英国伦敦的出版业、广告产业，日本东京的影音和动漫产业。上述产业基于竞争与组织特性在空间上形成规模化，并在与旅游产业相互融合的基础上在城市核心区内聚集，从而形成区域文化与旅游产业整合的创新模式；针对微观层面的要素化发展，各国学者也展开了积极探索，Sundbo 等(2007)对丹麦和西班牙旅游企业的创新行为做了比较研究，认为旅游企业创新行为与规模有关：企业越大，创新越多，还与企业类型有关；李玺和毛蕾(2009)从游客感知视角探讨创新策略成为延长文化遗产地旅游生命周期的有效手段；汪清蓉(2005)认为应从制度文化、资源、市场三个方面进行深层次的文化旅游产业立体整合创新，构建了文化产业与旅游产业整合创新模式；对创新模式而言，黎洁和李垣(2001)以云南大理为例提出了历史文化名城文化产业与旅游产业整合创新模式。上述三个层次研究涉及文化旅游产业创新构成要素、系统功能与运行机制这三个最为重要与关键的研究内容。

在文化旅游产业创新管理这一领域，国外学者的研究对象包括文化商品与旅游(Wood，1984)、文化旅游与政府管理(McKercher et al.，2005)、旅游业与文化遗产管理(Bunten，2008)；国内学者研究多围绕遗产旅游管理机制(郭旃，2002)、模式创新(徐嵩龄，2003)和民族文化旅游，部分学者探讨了文化旅游地社区管理制度、利益补偿制度以及文化旅游资源变迁与开发等内容。

事实上，文化旅游产业创新是一个复杂、动态的演化过程，特别是创新理论自身也出现了两个方向①和三个发展阶段②的巨大转变(李微微，2006)。梳理上述研究成果可知，目前相关研究成果与产业发展存在时滞现象。①文化旅游产业创新研究成果以静态、截面为主，研究方法虽有从线性思维转变为非线性思维的趋势，但研究体系尚未形成动态、演化的系统科学范式，文化旅游产业创新系统演化机制及其规律性研究成果寥寥无几。②理论研究与构建尚处于借鉴阶段，诸多成果直接将创新理论移植到文化旅游产业创新研究，创新系统追溯到古典经济学家熊彼特创新思想，其理论偏重第二产业的技术创新分析。然而，文化、旅游产业融合与创新涉及的很多非技术性因素是文化旅游产业创新系统独有的特性，导致研究成果忽略了文化旅游产业的独特创新性，且由于借鉴理论研究对象不同，对文化旅游产业创新的概念与理论构建尚无定论。③文化旅游产业创新定性研究多，定量研究少。在以往的研究中，文化旅游产业创新研究大多停留在定性评价与对比分析方面，未将其作为一个复杂系统进行研究与分析，以至于未能从系统创新主体演化方面定量研究。事实上，随着创新发展，基于创新主体演化的定量研究已成为重要的研究领域。

2.1.2　产业融合理论

20 世纪 70 年代以来，在信息技术迅猛发展与经济全球化的强力推动下，跨地区、跨产业的兼并浪潮迭起，出现了传统产业原有边界模糊、消失与融合的现象，不同产业相互渗透、交叉融合产生了新的产业并成为新的经济增长点。产业融合无论是通过技术革新、放宽行业壁垒来加强不同行业间的竞合关系(植草益，2001)，还是适应产业增长而使产业边界收缩或消失(Greenstein and Khanna，1997)，其实质就是不同产业相互渗透、融合，最终融为一体，形成新的产业演化过程(厉无畏和王慧敏，2001)，并呈现出以下特征。

(1)促使产业实现互动的原因有技术和政府管制措施变化两个方面：一方面，新技术的出现促使原有产业运行模式发生变化，业务流程重组成为可能；另

① 两个方向是指以曼斯菲尔德、施瓦茨等为代表的技术创新理论纵向发展；以道格拉斯·诺思等为代表的制度创新理论横向扩展。

② 自熊彼特构建创新理论以来，创新系统理论研究经历了线性创新模型、创新网络理论以及现今强调创新的系统范式三个阶段。

一方面，随着新技术的广泛推广与应用，政府原有的一些管制措施发生变化，从而消除了产业融合的政策障碍。

(2)产业融合包含技术、产品、市场、管制四个方面的融合：技术融合——新技术替代原来多样化、低效率的传统技术；产品融合——新产品替代原有传统的、多种产品的功能产品；市场融合——原有不同市场空间融合为一个统一的市场；管制融合——政府部门多头管理在产业融合背景下相互“融合”为单一部门管理。

(3)产业融合通常要经过技术融合、产品融合与业务融合、市场融合三个阶段(Gambardella and Torrisi，1998)。在技术融合初始阶段，独立发展的各个产业之间的技术和产品开始实现部分融合；随着产业不断融合，市场和规制也开始融合，使产业融合进入快速发展阶段；在产业融合成熟阶段，新的产业开始确立和发展，新的融合在酝酿过程中(彭亮，2010)(图 2-2)。

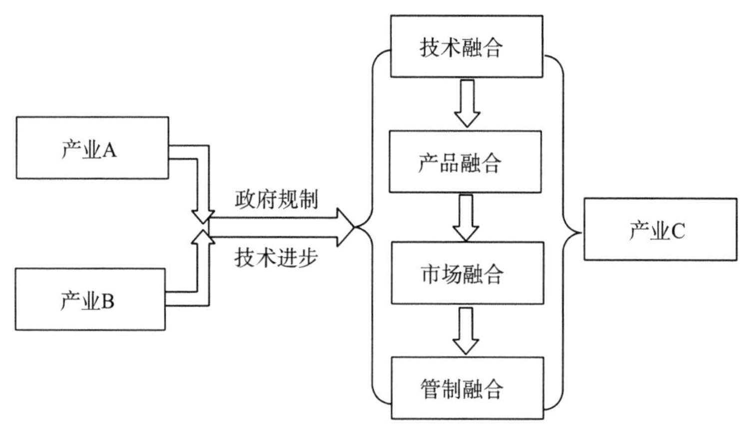

图 2-2 产业融合互动模式

文化旅游产业融合已成为一种重要的发展潮流[①]，目前产业融合理论的相关研究成果可大致归类为融合模式、融合机制、融合路径和融合效应等方面。

(1)融合模式。国内外学者探讨了演艺业(Daniel，1996；Mason，2004；李蕾蕾 等，2005)、遗产旅游(Li and Lo，2004)、影视业(赵蕾和黄猛，2006)、创意产业(厉无畏 等，2007；王慧敏，2007；郑斌 等，2008)、会展(许峰，2002)、网络游戏(陆晓清，2009)、动漫业(李美云，2008)等某一文化产业类型与旅游业的互动研究；国内有学者分析了文化、旅游产业的融合过程与运作模式(张海燕和王忠云，2010)。

① 现今产业融合的范围比较广泛，如生物业与能源业融合，建筑业与制造业融合，食品业、医药业与化工业融合。就旅游行业而言，近年来工业与旅游业、农业与旅游业、医疗与旅游业、体育与旅游业融合，酒店服务业与房地产业融合如火如荼，这一方面是国家政策引导的结果，另一方面是在消费需求背景下产业主动相互融合的结果。

(2) 融合机制。文化旅游产业融合机制已有研究成果主要从融合动力(陆晓清，2009；董桂玲，2009；苏卉，2012)、融合动因(杨颖，2008)和融合障碍(徐虹和范清，2008)等角度进行分析。石艳(2012)认为文化、旅游产业融合发展需要从理念创新、政府主导、市场运作、人才保障等方面系统分析。

(3) 融合路径。归纳已有相关研究成果，文化旅游产业融合路径大致涉及技术融合、市场融合、功能融合、资源融合和制度融合五大路径(姚洁，2006；李美云，2008)。刘艳兰(2009)基于《印象·刘三姐》案例深入探讨了文化旅游产业融合创新。

(4) 融合效应。张海燕和王忠云(2010)从基础竞争力、竞争潜力与环境竞争力三个视角构建了文化旅游产业竞争力指标体系，并认为文化旅游产业融合可基于创新功能、整合功能和结构优化功能三个方面提升其产业竞争力。杨娇(2008)认为文化与旅游产业融合推进了产业创新，促进了产业结构优化、增强了产业竞争力、提升了消费需求；刘改芳和张东燕(2008)应用数据包络分析理论及方法构建了文化旅游业投资效率模型，并以山西省文化旅游业为模型验证对象，锁定 18 个人文类景区，选取资金投入总量、从业人员数量和旅游收入、旅游人次等投入产出指标，分析得出此类景区 2008～2010 年的效率评价结果。

梳理文化旅游产业融合研究成果发现：①目前国内外文化旅游产业融合系统性理论研究成果尚处于借鉴阶段，相关理论研究体系构建亟待加强，且实证研究多是基于某一具体产业与旅游产业融合分析；②研究成果多以定性描述为主，鲜见对二者融合的动态、综合性分析；③二者融合基础上的评价指标体系构建以及融合产生的综合效益定量研究较少。

2.1.3　产业集群理论

20 世纪 90 年代以来，产业集群理论成为重要的区域经济发展理论，也是旅游研究的一个新兴领域。首次提出“产业集群”概念的 Porter (1998) 在其《集群与新竞争经济学》(*Clusters and the New Economics of Competition*) 一文中提出旅游业是最适合集群化发展的行业之一，其集群效应最为明显。Novelli 等(2006)、Jackson 和 Murphy (2006) 结合 Porter 的钻石模型和集群理论分析如何通过发展产业集群促进旅游业创新和区域经济发展。阿伦·斯科特(2005)从地理分布上分析发现文化产业具有聚合的倾向，认为文化产业在地理上的集聚是产业发展的一种趋向。

尹贻梅和刘志高(2006)通过列举国外比较成功的旅游集群案例证明旅游业具备集群存在的两个先决条件：聚集和产业联系，即旅游目的地企业有明显的空间聚集特征，且在为旅游者提供产品和服务的过程中相互协作并发生密切的产业联系。王润和刘佳明(2012)梳理了国内外旅游产业集群相关文献，将相关成果归类为概念界定、集群成因与机制、竞合关系与联系网络及区域影响等研究脉络。Novelli 等(2006)从旅游产业集群与网络的关系探讨旅游创新，认为旅游产业集群与网络是旅游企业为了获得或分享资源、信息而在达成共识和默契的基础上形成的合作体系，二者的互动为旅游企业的创新活动提供了诸多益处，如为旅游企业知识转移提供了有效途径，有助于企业更灵活地分享市场信息，为企业提供进入其他集群与网络的机会等。所以，探索旅游产业集群与网络、旅游产业集群与创新的关系成为诸多学者研究的出发点和主要研究脉络。

之后，在该研究思想的指导下，一方面，国内学者探讨了文化与旅游产业的耦合关系，并在此基础上构建了二者耦合度评价体系与系统协同性关系(鲍洪杰和王生鹏，2010)，并以我国 31 个省(区、市)1999～2010 年的数据为基础，实证研究了我国文化与旅游产业耦合关系的区域差异(张琰飞和朱海英，2012)；另一方面，研究区域创新系统与产业集群的关系，从演化经济学视角提出产业集群是区域创新系统的基础和活力所在，产业集群实际上就是一个特殊的创新系统。何萍(2013)分析了产业集聚度、高级人才、市场需求状况和产业竞争状况四个因素如何影响文化产业融合发展。

综上，现有文化旅游产业集群研究成果从一开始就强调空间集聚，通过创新形成核心竞争力，最终形成规模经济。对于文化旅游产业集群形成机制、演化规律，以及文化旅游产业转型升级及政府管理服务等一系列问题，目前相关研究还不够深入。因此，在今后的研究中首先要结束概念纷争，重点加强文化旅游产业集群形成原因、动态演化机制、集群网络结构及其发展评测的研究。

2.1.4 系统科学

随着创新理论和管理实践的快速发展，系统科学赋予了“创新”新的内涵，系统科学研究范式越发受到学者的认可和重视，从系统科学视角研究文化旅游产业的相关成果日益增多，其成果大致可分为系统动力机制和演化机制两大方面。

1. 系统动力机制

Cohen(1993)提出“逆向文化经纪人”(reverse culture brokers)概念，他通过泰国北部清迈地区的陶瓷生产的案例发现，局外人是陶瓷技艺革新和多样化的主要发起者和争取外来观众的创新者。Hjalager(2009)通过研究丹麦罗斯基勒(Roskilde)音乐节，分析文化旅游创新系统的构成和动力机制。宋立中(2014)指出性别动力学、经济利益诉求是社会发展非遗旅游的主要动力。王兆丰和黄喜林

(2010)提出文化旅游创意产业发展动力分为以市场和政府为推动要素的外部动力和产业本身具有的内在发展动力，二者共同推进文化旅游创意产业发展。陆晓清(2009)提出技术创新是网络游戏业与旅游业融合发展的内在驱动力，市场需求和经济管制是其外在推动力。董桂玲(2009)分析并构建了动漫业与旅游业融合发展动力系统，具体包括引力子系统、推力子系统、支持力子系统，三者相互作用为产业融合提供演化动力。黄震方等(2011)在已有旅游地演化研究成果的基础上，结合灵山景区的案例研究，提出主题型文化旅游区的成长是基于复杂系统的文化主导下的多元驱动机制(图 2-3)。

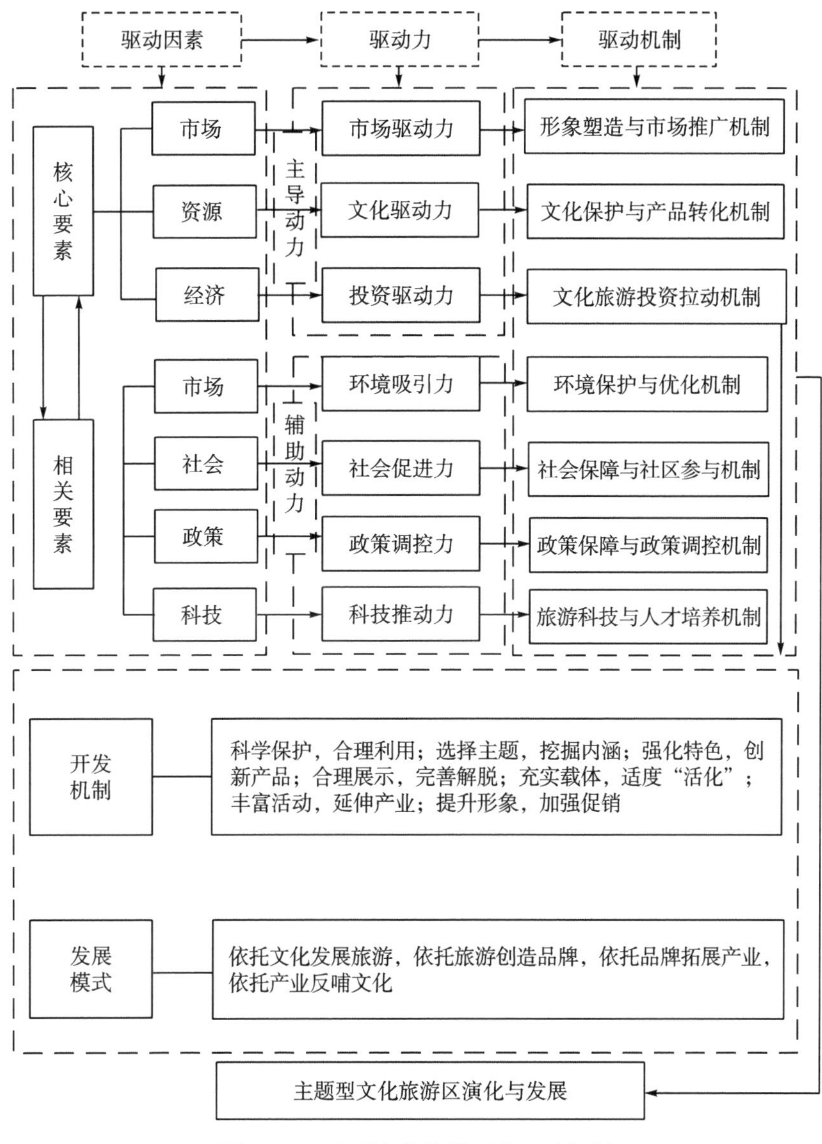

图 2-3　主题型文化旅游区的驱动机制

姚国荣等(2015)基于皖南国际文化旅游示范区的演变过程及动力机制，阐述了示范区的形成演进过程，并重点论证了在此形成发展过程中的内在和外在驱动机制(图 2-4)。

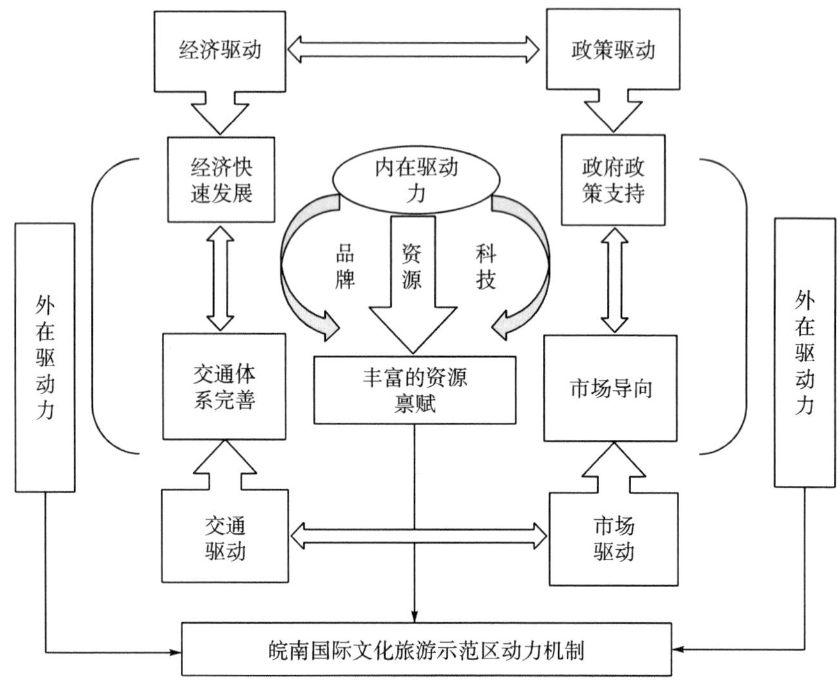

图 2-4 皖南国际文化旅游示范区的动力机制

2. 演化机制

梁艺桦等(2004)基于系统自组织理论探讨，认为促使区域旅游各子系统之间合作的主要动因是目的性和创新性。郭素婷(2008a)运用系统动力学理论，以系统的主要假设、外部参数、内部变量为基础划分区域文化旅游产业系统边界，并构建了系统驱动模型。

张春香和刘志学(2007)依托系统动力学方法构建了文化旅游产业系统动力学模型，并运用 Spreadsheet 软件模拟分析河南省文化旅游产业发展情况，探讨文化旅游产业发展的内在机制和趋势特征。

与 Hjalager(1997)的观点相似，徐虹和范清(2008)提出文化、旅游产业融合包括技术、企业、产品、市场、制度等方面的融合。作者基于系统论视角，认为在开放的文化与旅游产业系统中，构成要素变革在扩散中引起连锁反应，使文化与旅游产业相互融合、协作，并共同演进形成一个新兴产业。

前述归纳整理了涉及文化旅游产业研究的三大理论成果，表明文化旅游产业融合、创新以及集聚能力提升是一个极其复杂的系统工程和演化过程。然而，目前文化旅游产业创新系统研究存在着以下不足。①目前的研究成果对文化旅游产业创新系统演化本质的探讨尚不深入，许多研究仅利用部分要素“抽象”分析其融合、互动与集聚现象，这就造成无法全面、深入地认识其演化机制与规律，从而使现有研究成果距离文化旅游产业创新系统成为一个能被广泛使用的理论分析框架尚有一段距离。②研究方法尚未转变到系统科学思维方式，仍旧使用传统线性思维对文化旅游产业创新系统进行简单机械式的剖析，无法窥探其演化机制与规律，因此如何运用整体性思维与关联性思维研究文化旅游产业创新系统并分析其演化机制与规律就成为当前的第一要务。

2.2　文化旅游产业创新系统演化理论研究

2.2.1　文化旅游产业创新系统演化理论框架构建思路

追溯文化旅游相关研究可见，已有研究成果虽有局限，但涉及的三大理论（产业创新、产业融合、产业集聚）通过研究转向（从线性向非线性转向）都已逐步将系统科学作为思维范式和研究手段，都将文化旅游产业创新系统视作一个动态演化系统。融合、创新、集聚这三大关键词及其三者之间的互动关系深刻地揭示了文化旅游产业创新系统的时空演化概念、机制以及规律。其中，文化与旅游两大产业通过集聚产生创新→推动融合→形成空间集群，从而形成良性互动循环，最终形成文化旅游空间（侯兵 等，2011）（图 2-5）。

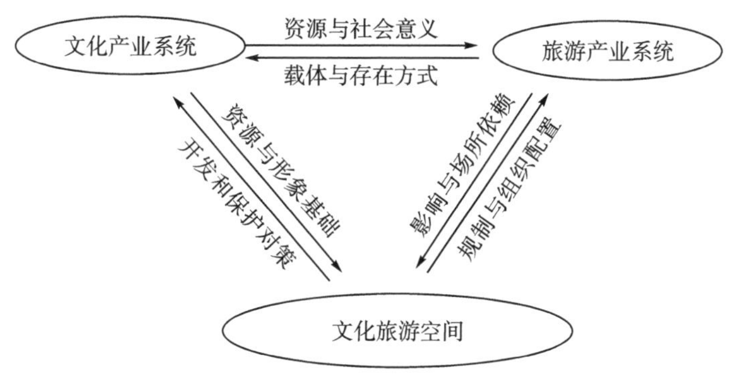

图 2-5　文化旅游空间关系图

从系统科学视角审视文化旅游空间，其实质是文化、旅游产业在空间上相互作用所形成的空间集聚系统，它体现了文化、旅游产业耦合互动的时空演化属性，是文化旅游产业活动在地理空间上的投影，是该系统发展状态重要的“显示器”。文化与旅游产业耦合互动实则是二者在“越界”基础上以创新为驱动力的系统动态耦合过程，二者构成的创新系统在发展过程中表现出特定的演化机制与规律。这一客观现实要求在研究文化旅游产业互动问题时，必须以系统科学思维范式审视其产生、演化与变迁过程，可在深入考察文化旅游产业创新系统演化驱动力—解析文化旅游产业创新系统构成要素耦合机制与演化规律—梳理文化旅游产业创新系统集聚路径—文化旅游产业创新系统模型量测的基础上，尝试构建一套包含研究对象、基本概念、基本理论和研究方法的文化旅游产业创新系统演化理论体系。

2.2.2 文化旅游产业创新系统演化模型构建思路

事实上，文化与旅游产业融合、创新、集聚与演化不是两个产业构成要素简单地叠加，而是二者在耦合[①]的基础通过融合、创新，重构了文化、旅游产业的结构形态和产业边界，并形成了一个新的、有别于前者的创新系统。

因此，本书首先在前述研究思路的基础上，通过深入、系统分析文化旅游产业创新系统的构成要素与结构功能，将该创新系统解构为内核与调控两大系统（图 2-6）。其中，内核系统是指该创新系统的本底要素，包括资源禀赋、创新主体、产业实力、创新能级四个子系统，它们对整个创新系统发展起基础性作用；调控系统是指影响和制约该创新系统发展的外部因素，包括政策环境、成果共享、市场环境和对外开放四个子系统，它们对整个创新系统发展起支配和调节作用。

其次，基于前述理论研究思路可发现，文化旅游产业创新系统构成要素间的耦合关系产生的相互约束与控制并不是使元素完全不动，而是赋予它们有别于以往的、新的运动与变化方式，从而产生某种规律和秩序，因此可以综合运用矢量平行四边形法则（parallel law）、熵值权重法（entropy-weight method）和模糊隶属度函数（fuzzy membership function）模型构建文化旅游产业创新系统集聚量测模型（PEF 模型）及其量测指标体系（杨春宇 等，2016），并从差异度、均衡度和模式选择与分类等方面进行实证分析。

① 实际上，系统构成要素间的耦合关系就是各要素之间的相互作用，即系统要素彼此影响、相互约束或相互控制，最终耦合在一起，它们彼此改变对方的状态或状态空间，改变对方的行为路线或行为方式。

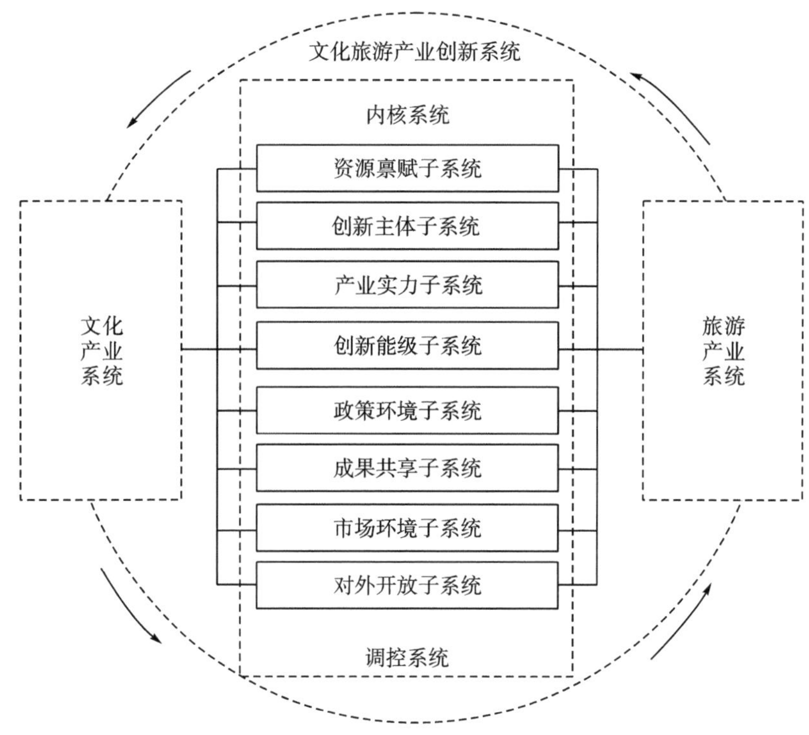

图 2-6　文化旅游产业创新系统结构图

通过上述分析，可以获得以下几个方面的认识。

(1) 学界逐渐转向运用系统科学研究文化与旅游产业融合、集聚现象，但成果较为粗浅，多集中于概念界定、特征分析，深层次、系统性的理论研究成果寥寥无几。而空间融合、集聚已成为文化旅游产业的重要特征，二者融合实则是两个具有各自结构与功能的系统对各自产业进行融合、集聚，形成涵盖两大产业核心要素、能激发出全新产品与服务模式的创新系统。因此，必须运用整体性思维与关联性思维对其进行分析和考察。

(2) 文化旅游产业创新系统演化过程涉及宏观、中观、微观三种不同时空尺度的运行方式与演化机制，且三者差异巨大。因此，探讨包含不同层次、结构的文化旅游空间系统演化理论与量测模型是该研究领域的一个重要课题。

(3) 系统范式指导下的文化旅游产业创新系统理论和实践研究，利用系统科学相关领域理论工具深入研究其演化规律和运行机制；建立科学合理的评价指标体系，定性和定量分析相结合，客观量测文化旅游产业创新系统的创新产出和绩效，结合我国文化旅游产业创新实际状况，探究其演化机制，构建系统的、完整的定量理论方法是未来一个重要的研究内容。

第 3 章　文化旅游产业创新系统概念体系

文化旅游融合发展研究如火如荼，涉及产业创新理论、产业融合理论、产业集群理论、文化地理学、旅游人类学等众多理论。然而，目前文化旅游融合发展的理论与实践研究尚显粗浅，或是将文化旅游混同于旅游文化进行研究，或是从产业融合角度描述某一类型文化产业与旅游产业融合创新。就研究现状而言，人们很难通过单一理论简单拆分文化旅游产业创新系统构成要素，并进行分析、理解它是如何融合、演化的。其原因在于无法确切定义什么是“文化旅游”、什么是“文化旅游产业”，文化旅游产业创新系统是由什么组成的，它是如何构成的，也就是说，原有分析文化旅游产业构成子系统之间关系的研究方法需要进行相应调整。一方面，文化旅游产业创新系统演化随时间推移从最初的低级结构向高级结构、从简单关系向复杂关系、从无序向有序发展。加之随着时代发展、科技进步、文化消费时尚变化带来的旅游消费模式的改变[如现代科学技术更新，出现新的文化旅游新产品、网络虚拟旅游、旅游 IP 爆发式增长，虚拟现实(virtual reality，VR)技术手段基础上的文化旅游展演等方式导致文化旅游产业创新系统构成要素在内涵与外延上呈现扩大、缩小或关系重置]，文化旅游产业创新系统演化过程中构成要素的作用方式与关系在时空上处于无尽的解构与重构之中，其结果必然是文化旅游产业创新系统随时空变迁以不同方式、方向、速度、阶段进行动态演化，这使试图通过单一理论分析、静态研究思维与方法审视其本质内涵及其演化规律的努力近乎徒劳；另一方面，不同学者运用诸多理论研究文化旅游产业这一创新系统，但不同理论流派的核心概念、理论体系与研究方法在留下各自鲜明烙印的同时，也使文化旅游产业创新系统演化研究仍处在观点不一、理论纷争的前范式阶段。

按照系统科学过程思维、非线性思维及整体思维方法观(彭新武，2003)，认识文化旅游产业创新系统含义的适宜方法是从该创新系统不同功能与层次追溯其构成要素之间的本质因果关系，探求它们(而不是构成子系统)之间最基本关系的根源，以确定文化旅游产业创新系统演化理论体系的研究对象、概念及其特性；在此基础上反向追溯，从文化旅游产业创新系统构成要素的微观层次关系扩展到宏观层次关系，以探寻文化旅游产业创新系统演化理论体系研究的基本问题，其中包括：①探寻文化旅游产业创新系统的内涵、主要特征；②在界定文化旅游产业创新系统基本概念体系的基础上通过整合，对创新系统演化机制与演化规律做出符合现实的理论解释。

3.1 文化旅游

文化旅游作为当今世界旅游业研究热点之一，其概念没有统一定论，导致现有研究成果争论不断，研究尚处于前范式阶段，这一研究现状符合并暗含一个前提，那就是文化本身就是一个庞大的家族。张小军(2012)列举了部分文化，其中包括地域的，如全球文化、西方文化、中国文化、地方文化；文明的，如埃及文明、玛雅文化、雪域文化、黄土高原文化、工业文明；文化圈，如博根(Bogenkultur)文化，也称弓箭文化，流行于太平洋巴布亚新几内亚；民族的，如彝族文化、藏族文化；组织的，如企业文化、部落文化、家庭文化；制度的，如资本主义文化；社区的，如城市文化、乡村文化、校园文化；考古的，如仰韶文化、爱琴海文明；宗教的，如佛教文化、基督教文化；等等，反映出文化是人类各种事物的编码体系的特点。文化的概念界定自古以来就存在着狭义与广义、抽象与具象的差异化研究思路。西方表示文化旅游一般用“cultural tourism”或者“culture tourism”，尤其是欧美国家，其文化旅游产业迅猛发展，因而文化旅游成为一个长期热门的研究领域并积累了许多研究成果。概括来看，对文化旅游概念的理解存在着两类观点。

罗伯特·麦金托什和夏希肯特·格波特(1985)以及世界旅游组织最早对文化旅游进行了广义上的定义，即“文化旅游范围广泛，它包括了人们想了解彼此的生活和思想所发生的旅行，旅游者既可以从中学到他人的历史和遗产，也可以从中学到他们的当代生活和思想”，其核心观点认为文化旅游关键在文化，旅游只是形式(张国洪，2001)。

Graburn(1989)则从狭义的角度提出文化旅游是对异质事物的消费，指出文化旅游实际上是一些拥有浓厚怀旧情绪，对异质事物有强烈好奇心的文化旅游者的猎奇行为。世界旅游组织除了对文化旅游进行广义定义外，也对其进行了狭义定义，即：人们出于文化动机而进行的移动，如研究性旅行，表演艺术、文化旅行，参观历史遗迹、研究自然、民俗和艺术、宗教朝圣的旅行，节日和其他文化事件旅行。

欧洲旅游与休闲教育协会参照了多种相关定义，然后对文化旅游给出了中性定义(即概念性定义和技术性定义)，主要内容包括概念性定义(conceptual definition)，即“人们为了获得和满足文化需求而离开自身日常居住地，前往文化景观所在地的非营利性活动”；技术性定义(operational definition)，即“人们为了获得和满足文化需求而离开自身日常居住地，到文化吸引物(如遗产遗迹、艺术与文化表演、艺术歌剧等)所在地的一切非营利性活动”(Munsters，1996)。该定义不但为文化旅游提供了一个观念性的理论框架，而且从技术性的角度明确了文化旅游的内容和范畴。

之后，Jamieson(1994)对文化旅游的内容进行了细化，认为文化旅游应该包括：手工艺、语言、艺术和音乐、建筑、对旅游目的地的感悟、古迹、节庆活动、遗产资源、技术、宗教、教育等。

Reisinger(1994)认为文化旅游是游客倾向于体验文化而产生的旅游动机与行为。其中，文化旅游包括遗产旅游、自然历史旅游、农业旅游、体育赛事旅游、生态旅游、艺术和习俗旅游。

上述文化旅游的定义，无论是广义的还是狭义的，在一定程度上都有自身的局限性，前者过于抽象，有泛化倾向，后者又偏重强调追寻异质文化而把大众文化排斥在外(徐菊凤，2005)。其原因在于对文化旅游概念界定的角度、所采用的方法和使用的技术不一，这也是目前学界对文化旅游认识尚未形成共识的根本原因。文化旅游作为一个名词，不同的人有不同的理解。对其进行定义的立足点不同就会产生不同的定义类型，如 Mckercher 和 Hilary(2002)就曾将文化旅游的定义归纳为衍生于旅游、动机性、经验性以及操作性的四种类型。事实上，文化旅游已成为一个伞形词语，在其发展过程中，其内容不断扩大，涵盖了历史旅游、民族旅游、民俗旅游、节庆旅游、艺术旅游、博物馆旅游等。这些活动依赖相同的资源，有着同样的管理问题，企盼着共同的结果。但是，将文化旅游仅概括为单纯的历史旅游、遗产旅游、艺术旅游或民族旅游等旅游类型也失之偏颇，旅行过程是否表现出“文化”，应该取决于游客的旅行意图、艺术形式等，而不是旅游活动本身，所以对文化旅游的研究应该基于对文化最广泛的理解(戴伦·J.蒂莫西和斯蒂芬·W.博伊德，2007)。

国内学者对文化旅游概念的研究同样也经历了国外学者面临的困境，到目前为止，尚未形成统一的范式。魏小安(1996)首次使用“文化旅游”这一词语，并指出对旅游者而言，旅游活动是经济性很强的文化活动，但对旅游经营者来说，旅游业则是文化性很强的经济事业，同时指出中国的文化旅游活动具体体现在制度文化、传统文化、民族文化、民间文化四个方面，但其论述并没有对文化旅游概念做出明确的界定。之后，国内针对文化旅游定义的相关研究大致可归纳为以下四类。

(1)将文化旅游视为一种旅游类型。马波(2001)认为文化旅游属于运动的范畴。与此同时，鉴于国内对旅游文化和文化旅游认知的混淆，他首次在其著作《现代旅游文化学》中明确指出二者是截然不同的概念。有学者认为文化旅游是旅游者凭借自己的艺术审美情趣，以及对异地、异质文化的求知和憧憬，进而离开自己的日常生活环境，去观察、感受、体验异地或异质文化，消费带有文化色彩的旅游产品，从而获得精神上或文化上全方位满足的旅游活动（郭丽华，1999；张国洪，2001）。李巧玲（2003）提出文化旅游是游客为实现特殊的文化感受，深入体验旅游资源文化内涵，从而得到全面的文化和精神享受的一种旅游类型。谢彦君（2005）认为旅游文化是旅游发展而衍生的一种新的文化形态，而文化旅游是以感受真实文化而进行的旅游活动。任冠文（2009）在归纳分析国内外学者有关文化旅游的定义之后，提出将文化旅游视为一种旅游类型更合适，他认为文化旅游是旅游者主要以消费文化旅游产品，体验与享受旅游活动中的文化内涵，从而身心获得愉悦的一种旅游活动。

(2) 将文化旅游视为一种旅游产品。部分学者认为文化旅游是供给者为需求者提供的，旨在以学习、研究、考察所游览国（地区）文化的一方面或诸多方面为主要目的的旅游产品，大致可分为遗迹、遗址旅游，建筑设施旅游，人文风俗节庆旅游及特色商品旅游等类型（蒙吉军和崔凤军，2001；朱桃杏和陆林，2005）。也有学者直接将文化旅游等同于民俗旅游这一具体的旅游产品类型（于岚，2000）。

(3) 将文化旅游视为一种意识。有学者提出文化旅游是旅游经营者融入文化旅游产品开发中的一种创新思维，是一种旅游产品的设计思路（丁丽英，2002；马静，2011）。

(4) 将所有的旅游都视为文化旅游。这主要缘于文化与旅游二者的不可拆分性，文化是旅游的灵魂，旅游是文化的载体。任何旅游都包含文化元素，而文化元素又更好地提升了旅游品质（李顺，2004）。也有与这一说法持对立观点的学者认为文化旅游与旅游存在差别，这是因为文化旅游资源与自然资源有着本质的差别，真正的文化旅游产业是开发人文旅游资源创建的，可分为历史文化类和社会文化类文化旅游产业（龚绍方，2008）。

纵观国内外学者对文化旅游概念的研究可见：①国内外学者对文化旅游概念的界定都先后经历了从宽泛到狭窄、从抽象到具体的过程，研究成果仍然存在将旅游文化与文化旅游概念混淆的现象，并且存在非此即彼的对立观点，未能从相依相存的耦合关系对文化与旅游进行梳理与研究；②认为文化旅游是旅游者对某些特殊文化的向往与憧憬，进而对该类文化旅游资源内涵进行深入体验与感受的一种旅游类型，正如部分学者所说，文化旅游是以文化的互异性为诱因，以文化碰撞与互动为过程，以文化的相互融洽为结果（庄大昌，2006）；③在文化旅游概念界定过程中，大部分学者都强调文化旅游资源的重要性，它是文化旅游活动顺利开展的基础；④国内学者对文化旅游的研究起步较晚，且还停留在对某一类文化旅游资源的开发上，鲜有学者从系统科学、创新理论等跨学科角度来审视文化与旅游产业的融合发展，将其界定为一个具有组织性、适应性和开放性的复杂系统，并对系统内部结构、运作机制进行深入的研究。

3.2 文化产业系统

将文化作为商品进行生产和消费古已有之，如远古时代人类为了欢庆收获、祈神驱鬼，通过人的动作、表情而演化出来的歌舞等表演艺术，主要依赖人的创造力和表现力；又如以古希腊悲剧为开端，在欧洲各国发展起来继而在世界广泛流行的戏剧。随着时代变迁、科技进步，文化产品生产从原始的手工操作、口头上的叙述和流传直到融合现代影视、激光、卫星、VR 等先进技术，这一方面表明科技进步促进了文化产品生产过程；另一方面也展现了文化产品生产与科学技术相关并随之变化的轨迹(孟晓驷，2004)。

20 世纪 40 年代，Horkheimer 和 Adorno(2002)首次提出文化产业这一概念。时至今日，世界各国对其称谓五花八门，如英国称其为创意产业，美国称其为版权产业，日本称其为内容产业。这些概念既相互交叉又各有侧重，反映了文化产业内涵的丰富性和产业边界的不确定性(戴志望，2008)。由于各国对这一概念的理解和研究重点有所不同，学界逐渐形成了学院派文化产业理论和应用派文化产业理论两个主要流派。两者的不同点在于：学院派通常从“理论·意识形态”的角度来界定文化产业，以理查德·霍加特、路易斯·阿尔都塞、斯图亚特·霍尔为主要代表；而应用派则从社会经济实践中关注文化产业的市场性，倾向于对文化产业的生产、流通和传播过程进行探讨和研究。可以说，与学院派的观点相比较而言，应用派的观点和研究成果对后世社会经济发展的影响更为直接，效果更为明显，也更受后人的推崇。受此观点的影响，联合国教科文组织从文化产品的工业标准化生产、流通、分配、消费流程对其进行界定，认为文化产业是按照工业标准，生产、再生产、储存以及分配文化产品和服务的一系列活动(张锐鸿，2012)。文化部(现文化和旅游部)于 2003 年 9 月印发的《关于支持和促进文化产业发展的若干意见》将文化产业定义为：“从事文化产品生产和提供文化服务的经营性行业。文化产业是与文化事业相对应的概念，两者都是社会主义文化建设的重要组成部分。文化产业是社会生产力发展的必然产物，是随着我国社会主义市场经济的逐步完善和现代生产方式的不断进步而发展起来的新兴产业。”

科技进步以及在文化产品生产中的应用，使文化产品实现大规模工业化生产，文化产业的业态、种类和格局发生深刻变化成为可能(祁述裕和韩骏伟，2006)。而文化产业兴起与发展则是需求逻辑、产业逻辑和技术逻辑综合作用的结果，其动力机制是社会、经济发展与需求结构升级的相互作用。机械复制技术[①]催生了文化产业，文化产业随着以机械复制技术为特征的传播技术的发展而不断升级并向传统产业渗透，文化产业业态不断创新。在经济全球化与国际文化产业互动发展的背景下，文化与经济融合加快乃至一体化也将成为整个世界社会、经济发展的大趋势。文化与经济的互动、依存与相互作用是文化产业形成的内在基础(石杰和司志浩，2008)。

文化产业是典型的具有生态化特征的产业系统，它是文化、创意、技术、政治、经济等多要素相互作用并形成的集合体，具有很强的关联效应(Potts，2009)。文化产业系统与外部环境、其他产业及社会经济多个领域存在相辅相成的关系，并且随着社会、经济、文化的发展，文化多样性与需求多样性也决定了文化产业与其他产业之间的协同演化作用。

文化产业除具有前述横向网络连接的产业特性外，还有一般产业的纵向产业链特征，因此文化产业比传统产业更容易形成产业集群，其产业内部各成员通过协同创新机制实现产业整体创新的可能性更大(冯臻，2015)。基于该产业构成特征及其发展特点，以系统科学视角界定文化产业概念及其内涵更为合适，将其视为一个由众多构成要素与子系统、关系网络和层次结构构成的复杂系统更符合实际情况。其中，文化产业系统是由文化产品转化基本要素，提供文化产品和服务的主体与相关组织及其内外部环境之间进行价值交换并协同发展的动态平衡系统。该系统以文化资源为基础支撑，以要素资源转化与配置效率为功能导向，以满足社会文化需求和物质需求为目标，以产业系统构成要素创新融合发展及其和谐共生为核心任务，以提高系统绩效和竞争力为发展路径，从而促进经济社会可持续发展。向上追溯该系统，它是由多元主体构成的动态、开放生态系统，在与内外部环境交互、与其他相关产业融合过程中又构造了一个更大的产业生态系统，并作为社会生态的子系统。从层次结构上看，文化产业生态系统包括内部生态系统和外部融合生态系统；向下追溯文化产业系统及其演化路径可见，政策、技术、资本三者的耦合交互作用是文化产业系统演化发展的主要推动力(张振鹏和刘小旭，2017)。其中，政策贯穿了文化要素资源整合、文化市场体系形成、文化产业体系完善三个阶段，技术和资本主要在文化产业体系完善阶段发挥重要作用(张振鹏和刘小旭，2017)(图 3-1)。

① 法兰克福学派的代表人物瓦尔特·本雅明(2002)提出：技术发展催生了一种新的艺术模式，即机械复制技术。他认为，机械复制使文化产品的生产方式发生了革命性的变化，文化产品在技术作用下，不再以一次性产品的方式存在，而是可以批量生产，从而使文化产品由少数人垄断转变为能够被大多数人所共享，由此迎来了大众文化的时代。瓦尔特·本雅明充分肯定以电影为代表的机械复制技术对文化产品生产的作用，宣称“电影的出现是人类艺术活动中的一次革命”。所以说，文化产业作为一种崭新的产业业态，是机械复制时代的产物。科技进步，具体地讲是以复制技术为核心的传播技术的发展催生了文化产业，而文化产业也随着以复制技术为核心的传播技术的发展而发展。

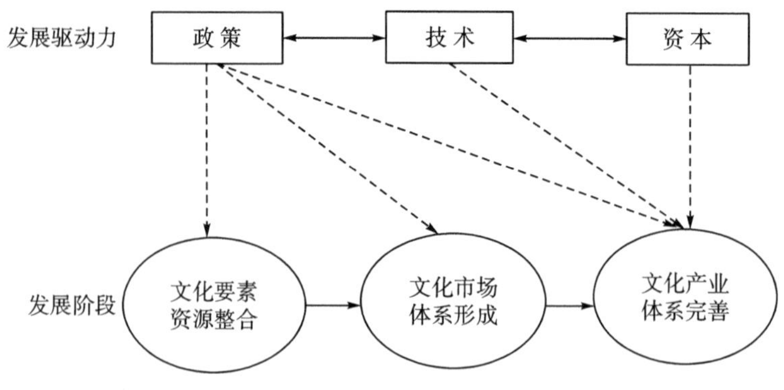

图 3-1 文化产业发展路径

文化产业系统作为一个开放、创新的复杂系统，具有整体性、开放性、层次性、目的性、自组织性等属性。①整体性，文化产业系统的整体性是相对各子系统或元素的局部性而言的。文化产业系统中存在大量功能和形态相异的子系统或元素，它们按照一定的规律或机制相互作用，并促成整个系统的发展。在这个过程中，系统的整体性取代了其内在构成元素的局部性，并被大家所认知。②开放性，文化产业系统的开放性是指系统与环境发生交换关系的属性，即系统具有从外部环境输入物质、能量与信息的属性，也具有向外部环境输出物质、能量与信息的属性。③层次性，文化产业系统是一个多层次、多能级的系统(图 3-2)，每一个系统构成元素都以不同的能量，在不同的层次与能级中发挥不同的作用。

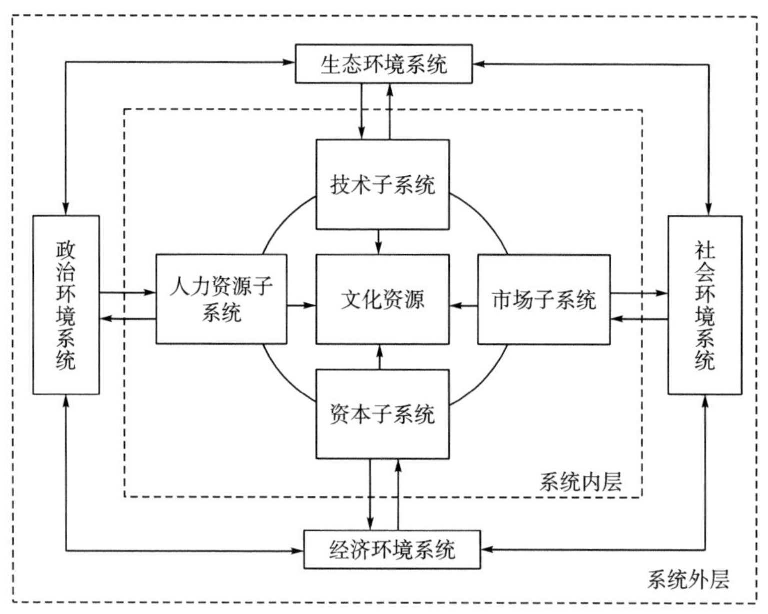

图 3-2 文化产业系统层次结构图

文化产业系统整体的相对稳定性，就是靠各层要素的不同作用来维系的。④目的性，文化产业系统的目的性表现为各子系统或元素是按照一定目标集聚在一起发挥作用，并形成推动整个系统的向心力和内聚力。⑤自组织性，文化产业系统的自组织性是与系统的他组织性相对而言的，表示文化产业系统的运动是自发地、不受特定外来干预而进行的，其自发运动是以系统内部的矛盾为根据、以系统环境为条件的系统内部以及系统与环境交叉作用的结果(肖宏，2014)。

3.3 旅游产业系统

杨春宇等(2009a)在总结国内外相关文献的基础上认为，学界对旅游产业系统的界定大多是基于旅游规划实践而做出的一般系统论解释。其中的代表性观点包括从地理空间角度阐述旅游系统的概念(Sessa，1988)，并以利珀(Leiper)于1979 年提出、1995 年补充完善的旅游地理系统模型为代表(图 3-3)；以 Gunn 和Var(2002)修正并补充的旅游系统功能模型为代表(图 3-4)的成果从系统功能角度，以旅游供需为线索研究旅游产业系统的结构、功能、系统与环境之间的动态演化关系。随后，相关学者对该模型进行了修正或补充(Van Doorn，1981；Mill and Morrison，1985；吴必虎，1998；杨新军和刘家明，1998；王家骏，1999；吴人韦，1999)，如从系统关系角度把现代旅游活动中存在的各种关系总和看作一个类生态系统，提出宏观旅游产业系统定义，构建旅游产业系统理论框架(张文，1997)；从输入与输出角度将旅游产业视为一个有物质、能量、信息的输入输出，受政治、经济、文化、社会等外部因素影响的动态系统和开放系统(王家骏，1999)，并构建了旅游产业系统输入输出结构模型(刘峰，1999，2000)。郭伟(2005)在此基础上提出旅游地复合系统概念并构建了结构模型(图 3-5)。

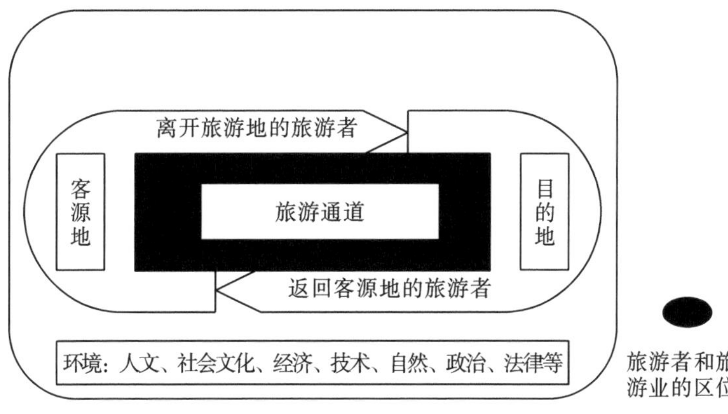

图 3-3 Leiper 旅游地理系统模型

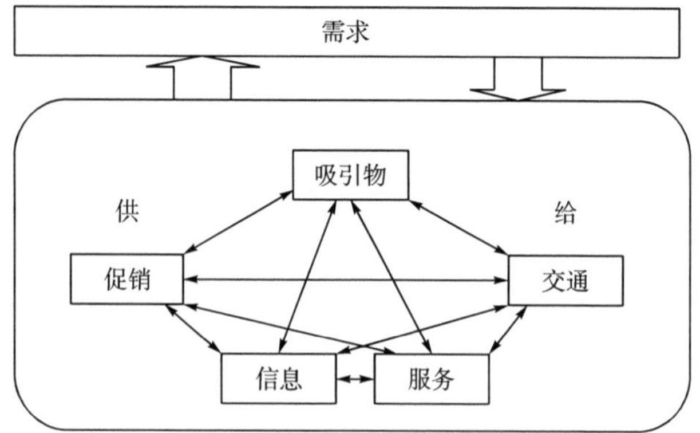

图 3-4　Gunn 和 Var 旅游功能系统模型

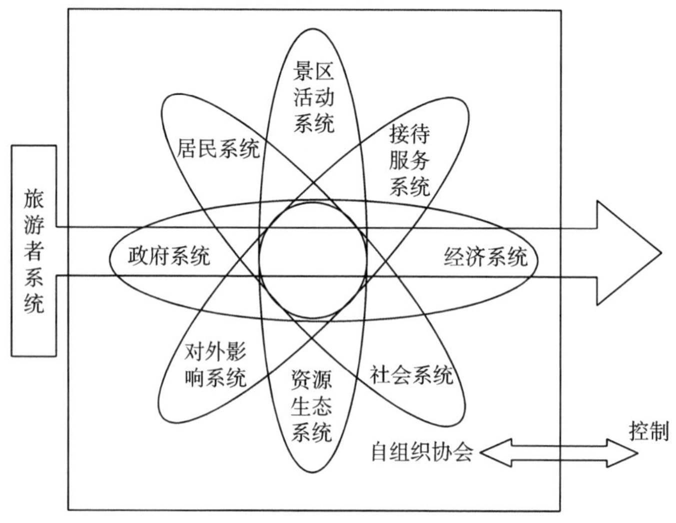

图 3-5　旅游地复合系统结构模型

上述诸多学者从系统论角度审视人类旅游活动及由此而形成的旅游产业，归纳总结已有研究成果，可将旅游产业系统看作是由各种旅游目的地系统、旅游通道系统、旅游客源地系统组成的集合体(图 3-6)。

McKercher(1999)将旅游系统视为一个以非线性方式运行、具有混沌特点的复杂系统。该复杂系统包含了旅游者、信息向量、影响信息沟通的效率、目的地、外部旅游主体、旅游外部影响因素、旅游内部影响因素、系统输出、混沌制造这九个因素。作为一个复杂系统，旅游产业系统具有如下三个方面的特征。①旅游产业系统构成要素的广泛性。旅游产业的运行无论是在空间上还是时间上都会涉及众多的构成因素和影响因素，进而形成一个关联性极强的复杂巨系统。②产业构成要素的系统性。旅游产业系统的构成要素广泛分布于各行业，

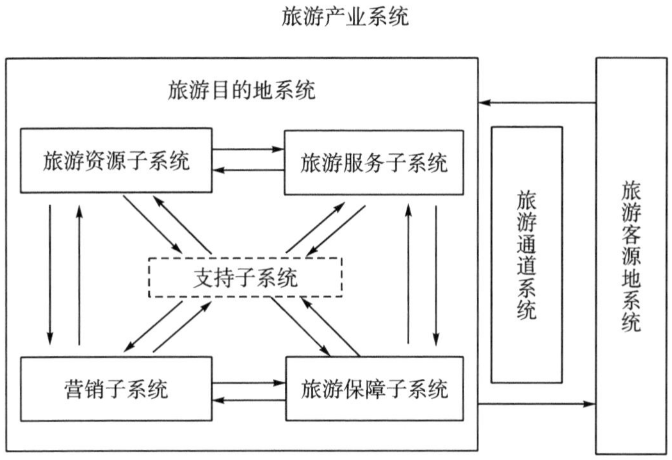

旅游产业系统
旅游目的地系统
旅游资源子系统
旅游服务子系统
支持子系统
营销子系统
旅游保障子系统
旅游通道系统
旅游客源地系统

图 3-6　旅游产业系统构成图

如批发、零售、餐饮、住宿、娱乐、交通、通信等，这些不同类型的企业虽然分布于类型相异且相互独立的行业，却因为旅游活动而相互联系，成为具有系统性、相互性的整体。③旅游产业系统内部关系的复杂性。旅游产业系统构成元素之间的关系复杂多样，具体表现在元素与元素之间、元素与子系统之间、子系统与子系统之间以及系统与外部环境系统之间都是环环相扣、联系紧密的，进而形成了一个复杂的关系网络。各元素、子系统的非线性运动使整个系统的运动呈现出复杂性。

3.4　文化旅游产业创新系统

3.4.1　旅游创新系统

相关旅游学者引入熊彼特创新理论，认为可以将其融合在现有的旅游中，形成旅游产品创新、旅游过程创新、旅游市场创新等旅游创新系统（谢晓丹，2015），但作为创新系统的一种类型，关于旅游创新系统的存在，并非一开始就被所有的学者认可。为此，学者们进行了激烈争论。部分学者认为旅游创新系统其实不存在，Sundbo 和 Gallouj（2000）认为服务业创新系统很脆弱甚至不存在，旅游业又属于服务业，以其冠名的创新系统就会更加脆弱。加之，旅游业创新力极易被模仿，自身内部创新力又不足，发展主要依靠外力推动，这样就导致其创新性不强。正如 Mattsson 等（2005）认为旅游业与制造业以及其他服务业相比，其创新系统制度化程度低，属于松散连接的系统。与之相反，Pavitt(1984)、Miozzo 和 Soete(2001)等证明了服务业创新系统是存在的，并在这样的假设前提下进行了大量的研究；Leiper(1990)认为旅游业是兼具地理特征与产业特征的系统；Hjalager(2009)以丹麦的罗斯基勒音乐节为例分析了文化旅游创新系统的构成和动力机制。

谢晓丹(2015)总结了国内相关文献，指出国内学者对旅游创新系统的研究起步较晚，许多成果是在已经承认其是系统的前提下展开的，但各自的解析重点相异；丁焕峰和陈烈(2002)对大都市边缘山区旅游创新系统的组成进行了相关分析，并以深圳凤凰山为例进行证明；戴春芳和王志凡(2010)将张家界的旅游业集群创新系统分成三个层次，即核心、辅助、外围，之后分别对各层次进行详细解析，最终给出如何改进张家界旅游业集群创新系统的意见；郭峦和杨志红(2012)对旅游创新系统的理论及网络架构进行解析后，提出旅游创新系统是一个网络系统，其主要由创新主体间的相互合作与相互作用组成。

综观上述国内外学者对旅游创新系统的研究成果，我们可以发现以下几点：①国外学者对创新系统的研究视角更广、程度更深，成果较为丰硕；②学者们因各自的研究对象不同，对创新系统及旅游创新系统的概念界定也就存在一定的差异；③对旅游创新系统的构成要素、动力机制、特征等也存在不同观点和理念，这是各自研究的侧重点不同造成的。

3.4.2 文化旅游创新

在文化旅游创新的研究中，不少是涉及文化旅游创意的研究。通过查阅相关文献可知，创新指利用现有条件提出有别于常规的方法，改进或创造新事物、方法、路径的行为。创意着重于个人根据已存事物而产生的新型思想。因此，本书将文化旅游创意研究包含于文化旅游创新研究中，并将相关研究成果分为以下四个部分。

1. 文化创意研究视角

自英国政府于 1998 年提出大力发展创意产业以来，文化创新已成为创造力的重要源泉、区域竞争力的重要因素以及满足人们精神文化需求的重要途径。很多学者针对创意旅行进行了深层次的解析。其中，李永菊(2011)对文化产业、创新产业、创新旅行产业之间的关系进行了详细叙述，就国内文化旅游创新行业的前景进行了解析。夏小莉(2011)基于对有关文化创新能够促使旅游行业总体发展方面的分析，对民族文化创新的运行机制进行了总结。王兆峰和黄喜林(2010)针对文化旅游创意行业前景发展的动力机制与发展对策进行了解析，王兆峰(2010)以湘西凤凰县为例对创新旅游的相关特征和商业形式进行了解析。张玉蓉和郑涛(2011)以重庆市为例，提出文化创意旅游发展的思路与对策。曾琪洁等(2012)对上海世博会文化创意旅游需求及其差异性进行了分析。姚慧丽和任兰存(2012)基于生态位理论对江苏省 13 个城市的文化旅游创意行业竞争力进行了评测与比较。周彬等(2013)利用数学模型方法针对人们对文化创意景区的认可程度进行了详细评估，文中以拥有丰富民族文化资源的青海省为例，对其民族文化创意旅游发展进行 SWOT(strengths，weaknesses，opportunities，threats，即优势、劣势、机会、威胁)分析，并提出发展对策与意见，从而促使青海省风俗文化创新旅行能够保持长期稳定的发展，并为加强少数民族地区旅游行业的整体实力提供参考性建议。

2. 文化创新系统研究角度

Edquist(1997)认为创新系统就是经济、社会、政治、组织等对创新的发展、传播、运用的影响，指出创新的作用不仅仅是发展，还包括传播和运用。Hjalager(2009)以丹麦罗斯基勒音乐节为例分析了文化旅游创新系统的构成。黎洁和李垣(2001)提出将创建历史文化名城文化产业与旅游业相结合的模式。胡林(2003)、朱竑等(2004)对文化旅游行业的创新思路及方式进行了解析。汪清蓉(2005)提出将资源和市场、制度文化等方面进行深度整合，对文化和旅游产业进行一定模式的融合和创新，打造现代化的创新型产业。文化与旅游的融合不是简单的叠加，而是在三个方面的统一规划，即市场方面的统一、资源利用上的统一、管理制度的统一。徐琪(2007)提出长三角区域旅游创新体系的内容。郭素婷(2008b)认为现代文化旅游产业的成功发展必须依赖发展因素、发展前的准备工作以及产业结构规划要进行有机结合和系统化的调整，并且提出旅游产业发展应该遵循宏观、中观、微观上的一个模式，采用不同的发展模式，创造出体系发展、市场发展、公司发展的一个发展结构体系，构建一个区域旅游文化发展的运作框架。

3. 旅游创新体系研究

这类研究主要是针对特定类型旅游线路的体系研究或对新开发类型旅游线路的体系摸索。王志宇和张诺(2013)、张伟(2013)、宋振春等(2012)对文化旅游相结合的新兴产业进行了分析和探讨，说明了在当前社会发展趋势下，文化与旅游相互结合的多种结论和体系；丁焕峰和陈烈(2002)以大城市的发展为背景，对周边的山区旅游文化做了系统性阐述，创造性地指出山地旅游文化的新型概念和意义。可见，目前旅游创新体系研究涉及的旅游创新类型较少，因而开拓更多类型的旅游创新，并探讨其创新体系的构成具有较大的理论意义。

4. 文化旅游产业创新系统发展模式

旅游创新系统与文化创新系统在更大范围、更宽领域、更高层面的融合已成为不可忽视的事实。它们的融合与发展成为产业升级和提升竞争力的强大动力。文化产业系统的多样性使其在与旅游产业系统融合的过程中产生了众多的发展模式(表 3-1)。

表 3-1 文化旅游产业创新系统发展模式

模式	创意吸引物	核心体验	典型代表
现实文化旅游	现实文化旅游资源	原生态体会	法国斯特拉斯堡
遗产遗址旅游	文化遗产、遗址	古代遗产、遗址	北京故宫
主题公园	欢乐秀、梦工场	体验欢乐、冒险、幸福等	中国华侨城 LOFT 创意园区、中国香港迪士尼乐园
影视、动漫基地	影视动漫静态资源活化	剧情影视独立创作、影视主题教育	浙江横店影视城、北京怀柔影视基地、上海国家动漫游戏产业基地
艺术园(社区)	LOFT/SOHO 氛围	历史文脉、前卫艺术、个性生活	北京 798 艺术园区、上海 8 号桥艺术园区
节庆演出	山水实景、创意造节	视觉极限冲击	漓江印象·刘三姐、印象·丽江
新兴街区	“IN”生活(“IN” Life)	流行、前卫、潮流、健康	上海新天地、北京什刹海
大型事件带动	大型事件	现代遗产	北京奥运会、上海世博会

现今文化旅游创新系统相关研究成果颇丰，但也有部分研究内核问题尚未解决：①虽已有大量描述某一类型文化产业与旅游产业融合互动的成果，但缺乏从系统概念体系、理论基础、研究方法等方面对两类产业互动模式、融合机制与规律性做深层次、系统性的研究；②文化旅游创新系统成果中以单一方面研究的居多，缺乏根据成熟的理论和可行的方法研究文化旅游创新系统，对其演化机制和演化规律的研究鲜有涉及；③在文化旅游创新系统实践研究中，以描述性为主，缺乏具体量测实践研究(谢晓丹，2015)。

随着文化旅游产业对国民经济的贡献日益明显，无论是从国家层面，还是从地方层面，都需要科学发展文化旅游创新系统，结合其演化机制与规律找到适当的方法发展当地文化旅游业。就目前的研究现状而言，人们很难通过简单机械式的拆分对文化旅游产业创新系统构成要素进行分析并理解它是如何演化的。文化旅游产业创新不但包括旅游目的地特有文化的扩展创新，还包括旅游目的地特有文化产品、内涵的外部环境创新。文化旅游产业创新活动不同于企业从研发到营销的线性模式，而是所有涉及的利益相关者和协同合作者在不同行业间相互影响、相互作用的结果，是复杂多变的。按照系统科学整体思维、关系思维、非线性思维及过程思维的方法观(彭新武，2003)，认识文化旅游产业创新演化过程适宜的方法是从该系统的不同层次或部分切入并不断向下探求单向的因果关系，向下求索以探寻其构成要素(而不是构成子系统)最基本关系的根源，以确定理论体系的研究对象、概念及其特性；在此基础上上溯，从构成要素的微观层次关系追溯到系统宏观层次关系，以探讨文化旅游产业创新系统演化理论体系研究的基本问题(李杰，2013)，其中包括：探寻文化旅游产业创新系统的内涵及其特征；通过整合，在构建基本概念体系的基础上对文化旅游产业创新系统演化机制与演化规律做出符合实际的理论解释。

3.5　文化旅游产业创新系统概念体系

3.5.1　文化旅游产业创新系统含义

文化旅游产业毋庸置疑是一个由多元素构成，多功能、多层级的复杂演化创新系统[①]，其概念由于理念不同、视角不同、理论流派不同，众说纷纭。为避免流派纷争，本书不拘泥于现有理论、理念等产生的概念区分，基于文化旅游产业创新系统的系统性、复杂性等本质特征，选择从系统科学共识性的角度探究文化旅游产业创新系统的概念。

文化旅游产业创新系统是由相互作用的物质客体组成。正如 Bunge(1981)提出的：“任一物质的客体都是一个系统，或者是系统的一个组成部分”，不但物理和化学系统是物质的，有机体和社会系统也是物质的。

任何系统都是人为构建与安排的。也就是说，文化旅游产业创新系统是人们运用符号和语法规则，依据人们的经验单元选择构建的某种假设或模型。Gaines(1979)提出：“系统就是那些我们想识别其为系统的东西”，我们不能期望发现一个系统，事实上是我们创造和建构了一个系统，同样的经验可以构建出许多不同的系统。

基于上述分析，对文化旅游产业创新系统的含义界定至少需要包含以下三个特征(颜泽贤 等，2006)：①系统中存在着一种能相互区别的实体，称为元素；②系统构成元素之间必然存在着某种关系或关系的网络；③这些关系对产生一个

① 爱德华·泰勒(2005)在人类文化研究开山之作《原始文化》一书中将文化定义为：“从广义的人种学含义上讲，文化或文明是一个复杂的整体，它包括知识、信仰、艺术、法律、伦理、习俗，以及作为社会一员的人应有的其他能力和习惯。”

与周围环境区别开来的新的组织整体(organized whole)、新的系统分析层次是必要且充分的。

无论是从文化理论、创新理论、产业融合理论，还是从系统科学理论等角度出发，对文化旅游产业创新系统进行定义都应包含上述特征。

文化旅游产业创新系统既然称为系统，其内部元素之间就不是偶然地人为堆积在一起，必然是紧密地相互联系、相互作用，否则就不能称为一个系统。所谓系统元素之间的相互作用就是它们彼此改变对方的行为、状态、演化路线，在彼此影响、相互约束或相互控制的过程中耦合在一起。如前所述，政治①、经济②、技术③的变化会对文化旅游产业及其活动产生深刻影响。艾菊红(2007)认为，如果把一个文化旅游地看作一个“场域”，那么在这个“场域”中的三种资本，即社会资本(旅游开发地的主管或者决策部门)、经济资本(旅游开发商及各商业行为单位)、文化资本(拥有当地文化的民众)在相互利用、相互转换和相互制约的耦合关系中掌控着该地的旅游发展走向和发展状况。反映出来的模式就是：社会资本引入经济资本，推动文化资本的发展，并获得经济利益。经济资本是从社会资本那里获得对文化资本的开发和利用的合理性和合法性，对文化资本进行再创造，获取经济利益的最大化。文化资本则是在社会资本那里获得使用经济资本的合理性和合法性，传承和推动文化的发展和创新，并从中获得经济利益。如果这三种资本在一个“场域”中运作良好，那么该地的旅游发展就处于一种良性循环中，反之则不然。对文化旅游产业创新系统构成元素之间的这种耦合关系，可以借用贝塔朗菲系统方程组对其深入描述(杨春宇 等，2009a)。

设文化旅游产业创新系统有 n 个元素，任一元素用 $X_i(i=1,2,\cdots,n)$ 表示。又假定 Q_i 为 X_i 的某种量度，它的改变量为 $\frac{\Delta Q_i}{\Delta t}$ 或 $\frac{\mathrm{d}Q_i}{\mathrm{d}t}$，如果这种改变量是连续的，那么文化旅游产业创新系统元素之间的相互作用便可以用一个微分方程来表示，即

$$\frac{\mathrm{d}Q_i}{\mathrm{d}t}=f_i(Q_1,Q_2,\cdots,Q_n) \qquad (i=1,2,\cdots,n) \tag{3.1}$$

① 政治对文化旅游产业创新生产的影响主要体现为政府政策制定与行为选择。正如本书第 2 章所述，英国、美国、韩国、日本等国家陆续出台了国家宏观层面的创意产业、文化旅游创新发展政策。中国从 20 世纪 90 年代开始，政府主导型战略成为推动文化旅游产业化的开始。政府主导的动力无外乎两个显性原因：一是“营改增”税制改革使地方政府从发展旅游业获得的利益更直接，发展旅游的积极性也空前高涨，旅游收益甚至成为分税制条件下很多地方财政收入的重要来源；二是我国官员晋升模式中经济考核的驱动在客观上也促使地方政府产生以追求经济增长为主的动机。

② 配第-克拉克定律：早在 17 世纪，西方经济学家威廉·配第在其著作《赋税论献给英明人士货币略论》中就明确提出文化产品供给的变动趋势。配第的经济思想已经揭示了“产业软化”的发展趋势。20 世纪 30 年代，在配第思想的基础上，英国经济学家费希尔在其著作《安全与进步的冲突》中提出三次产业分类方法的学说，在整个人类经济活动中划分出一、二、三产业，从统计实证的角度证实了人类经济活动的演变规律。英国经济学家和统计学家克拉克则在费希尔研究成果的基础上，在其著作《经济进步的条件》中运用三次产业分类方法研究了经济发展同产业结构化之间的关系及规律，这就是后来著名的配第-克拉克定律。

③ “文化产业发展的历程已经表明，随着科学技术进步周期的不断缩短，以高新技术手段为载体的文化革命和产业生长周期也在不断缩短。”这也说明，“越是取决于技术创新决定的文化产业，其生命周期越短；越是由内容决定的文化产业形态，其生命周期越长”(胡惠林，2006)。

这个方程表明，文化旅游产业创新系统中任一元素的状态变化$\left(\frac{dQ_i}{dt}\right)$是所有元素的函数或结果，而任何一个系统构成特征与状态的改变(方程右边 Q_i 的变化)又引起所有其他元素特征与状态的变化。这个微分方程式所表达的文化旅游产业创新系统构成元素形成的相互作用的网络，与一般的单项因果关系的表达式有很大的不同(杨春宇 等，2009b)。

(1)这里表达的关系，不仅包括文化旅游产业创新系统构成要素 Q_i 作用于 Q_j 的关系(即 Q_i 仅是原因、Q_j 仅是结果的关系)，而且包括 Q_i 作用于 Q_j，而 Q_j 又反作用于 Q_i 的环形耦合因果关系，这种环形耦合因果关系在系统科学理论中称为反馈。本书仍以政策、资本、技术三者的关系来分析文化旅游产业创新系统的要素反馈。物化的人文资本以及历史文化使文化旅游资源具有资本属性，资本通过对文化旅游资源及其依附空间的开发、利用实现了文化旅游资源生产和再生产，并通过供给文化旅游吸引物与服务而获得资本增值。文化旅游资源商品化及其目的地品牌构建过程中存在着游客时空运动，此过程不仅可以给文化旅游创新系统带来人流，还带来大规模的物流、信息流、资金流和技术流，并对系统进行环境塑造。上述反馈属于系统发展中的正反馈。与此同时，资本与权力介入文化旅游产业在一定程度上导致文化旅游资源资本化，资本最大限度攫取文化旅游资源的剩余价值并对其进行重构，开发过程中出现了一定程度消费主义倾向的系统改造，非原真性再造，而呈粗放式、同质化发展，文化遗产地的“去生活化”景象、旅游地优秀族群文化异化转向、传统乡村仪式从民俗到商业景观的变迁、旅游地神圣仪式的娱乐化(如民族村寨祭祀空间开发为旅游吸引物)、文化旅游目的地中利益群体权能的非均衡发展等现象①，这些在文化旅游产业创新系统演化过程中衍生的负面问题属于系统发展的负反馈。

当然，文化旅游产业创新系统演化过程中的正负反馈是同时存在的，没有先后之分，只有主导与非主导之别，并且有量的积累过程。在文化旅游产业创新系统演化初期，负反馈由于量的积累不够，作用不显著，还不足以影响文化旅游产业创新系统的演化轨迹，这一时期正反馈起着主导作用，文化旅游产业创新系统处于快速发展之中。随着文化旅游产业创新系统的进一步发展，各种负面因素不断累积，负反馈的作用也在进一步加强。当负反馈起主导作用时，文化旅游产业创新系统将进入演化的衰退过程，该过程将持续演化直至其瓦解，或是在新的条件下达到新的平衡(杨春宇 等，2009c)。

---

① 非物质文化遗产不仅是当地人的生活文化，同时还是一种文化资源，从而实现着文化的经济化，于是文化遗产也成为一种供外来者消费的展演文化。因此，对非物质文化遗产真正的主体而言，传统和现代、魔幻与现实紧密交织，非物质文化遗产被赋予双重角色，发挥着多种功能(黄龙光，2017)。

案例研究：广州骑楼街旅游发展驱动力不足，未形成正反馈机制[①]

骑楼街拥有广州最具有岭南特色和历史意义的建筑形式，具有很高的旅游价值，李亚洲和刘松龄(2013)对广州骑楼街的旅游发展现状进行了系统研究与分析，提出广州骑楼街旅游开发力度薄弱。骑楼街旅游开发虽然有一些成功的经验，但大部分骑楼街发展情况并不乐观。其原因主要是传统骑楼建筑形态不能与现代城市功能相适应，从而引发“物质形态层面—经济发展层面—社会文化层面”的恶性循环，导致骑楼街走向衰落(图 3-7)。

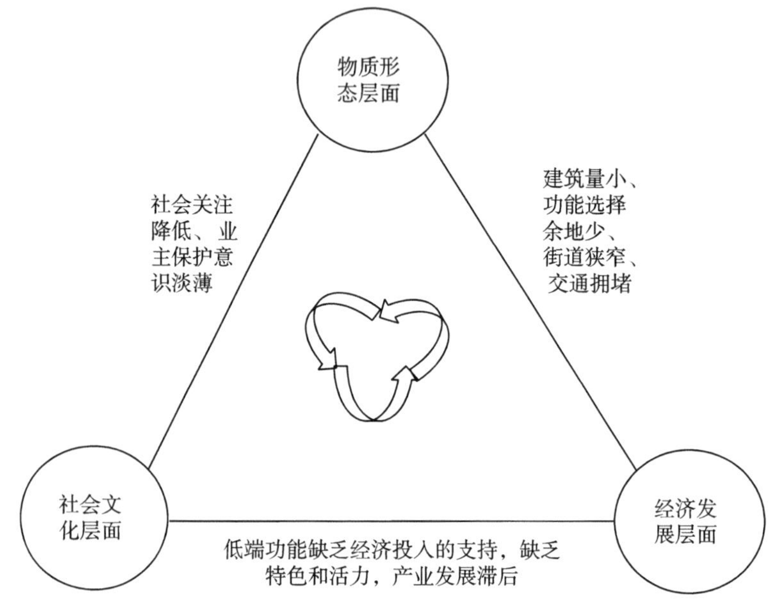

图 3-7　骑楼街“物质形态层面—经济发展层面—社会文化层面”的恶性循环

注：根据李亚洲和刘松龄(2013)的研究绘制。

就广州骑楼街来说，传统骑楼建筑容量小，面宽小，与后部地块缺乏联系，导致功能开发选择余地很小，只能容纳传统的商贸业。而办公、创意产业、旅店等新功能都难以在传统骑楼内发展，居民也以低收入居民为主。建筑形态导致骑楼街出现产业低端、功能单一、缺乏活力等问题，不能为骑楼街持续发展、转型升级提供经济动力；而居民也难有实力对骑楼外观、内部进行修缮，进而无法对骑楼街历史文化层面的价值发挥、弘扬提供有效激励。对骑楼街历史文化挖掘不够深入，制约了传统骑楼街社会文化价值的展现和提升，造成业主对其历史文化保护利用的意识淡薄，反过来严重影响了骑楼街物质层面的保护，使骑楼缺乏修缮和保护，街区环境差，形成了恶性循环。

骑楼街在物质形态、经济发展、社会文化三个层面的问题制约了旅游业的发

① 案例转引自李亚洲和刘松龄(2013)，内容有删减。

展。物质形态层面，缺乏修缮和保护的骑楼建筑和每况愈下的街区环境不能给旅游开发提供良好的旅游环境，同时造成不同路段的旅游吸引力差距拉大，吸引力较低者很难有开发机会。经济发展层面，传统的低端业态难以提供旅游发展必需的配套设施；单一的使用功能也使骑楼街的旅游开发限于几个有名的商业步行街，以购物旅游为主，缺乏特色。社会文化层面，骑楼逐渐淡出公众视野，传统的社区文化没有了传承载体，日渐退失，旅游所需文化软环境、文化氛围难以寻觅；缺乏关注和宣传，缺乏旅游中介系统，游客认知感薄弱。

几近缺位的旅游开发难以发挥对城市发展应有的带动作用。经济发展方面，除现在已有旅游开发的几条骑楼街道外，其他骑楼街几乎没有享受到旅游经济乘数效应的增益。社会文化方面，北京路、上下九步行街的旅游发展更多是对广州商贸文化的宣传弘扬，骑楼街作为一个背景并不被游客深入了解；不仅如此，购物旅游的发展使商家只注重商业利益，大量不恰当的广告、招牌等反而为骑楼街保护带来负面影响。环境方面，缺乏提高旅游吸引力的动力也是部分骑楼街始终得不到较好修缮和保护的原因之一。

良性的骑楼街区旅游开发应该是“骑楼街区保护和利用—形成旅游吸引—骑楼街区活化、发展”的互动反馈模式，但骑楼街存在的种种问题导致旅游发展驱动力不足。缺乏活力与能动性的旅游活动也不能对骑楼发展形成正反馈，难以达到骑楼街功能活化的目的，导致互动模式“断链”，进而使旅游发展陷入困境(图 3-8)。

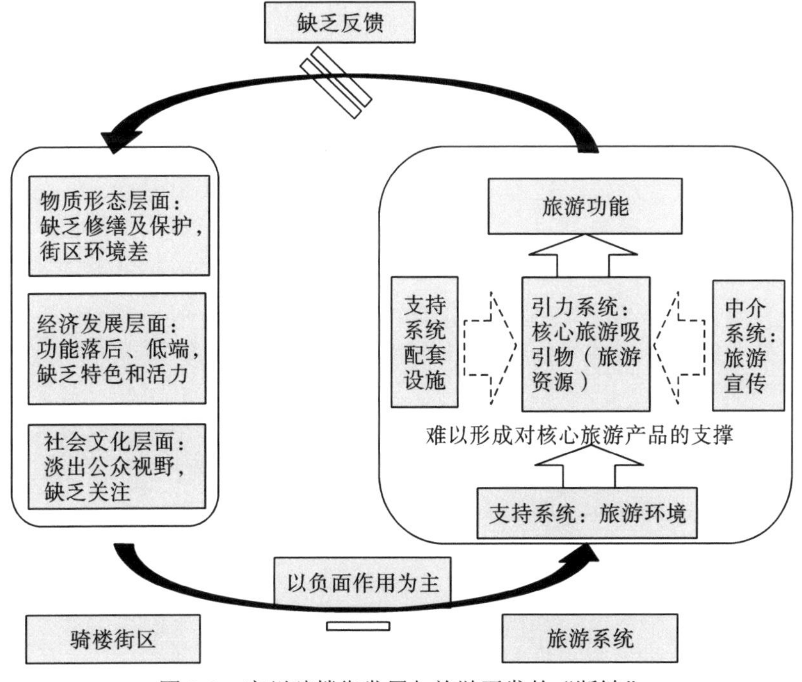

图 3-8　广州骑楼街发展与旅游开发的“断链”

注：根据李亚洲和刘松龄(2013)的研究绘制。

(2)这里表现的不是对少数几个文化旅游产业创新系统构成要素进行考察的简单因果关系，而是表现了文化旅游产业创新系统构成要素之间普遍存在的相互作用和多样性联系的网络。

系统科学理论提出任何系统都包含物质、能量、信息三个方面的特征，而系统构成元素之间的相互作用与相互联系则是通过交换物质、能量或者信息实现的，文化旅游产业创新系统也概莫能外。文化旅游产业创新系统各构成要素之间的相互作用与相互关系始于游客流的产生，及由此带来的系统内外物质流、能量流、信息流的交换。在此过程中，文化旅游产业创新系统构成要素之间形成的相互约束、相互控制的关系，我们可以称其为耦合关系。它普遍存在于发生联系的系统要素之间，在构成文化旅游产业创新系统的两两要素之间到不同子系统之间的组织层次上都有体现，而且这类耦合关系不是一次完成、一成不变的，它们会以第一次“适应”的结果引起第二次的“适应”，这样就造成一个立体交叉的因果回路与网络，其关系的总和则在一定的时间、空间和形态范围内构成某种稳定的结构模式，也就形成了新的组织形式和结合方式——文化旅游产业创新系统结构，并据此与其他系统或环境区分开来。当然文化旅游产业创新系统要素间耦合关系构成的约束与控制并不是使元素完全不变、不动，而是给它们的运动与变化赋予某种规律和秩序(杨春宇 等，2009a)。

由此，可以认为文化旅游产业创新系统是一个随时空演化的复杂适应系统。系统构成要素在相互“适应”的基础上耦合在一起，彼此影响，从而形成特定的结构与功能，通过与系统外界环境物质、能量、信息流的交换以改进和控制自身行为规则并逐步形成更加复杂的具有层级性的功能耦合系统，从而不断完善系统的结构与功能以适应复杂多变的外部环境。结合前述已运用于文化旅游创新系统研究的产业创新理论、产业集聚理论、产业融合理论等，本书认为：文化旅游产业创新系统是指在文化旅游资源区域内所有对系统有作用力的要素通过耦合在相互影响、相互制约的基础上形成多要素、多层次、多功能的复杂演化系统。系统内除了各组成要素相互作用，进行能量、信息的交换，同时也与其所处的内外部环境不断地进行能量与信息的交换，从而使整个系统由低级到高级、由无序到有序不断地演化。文化旅游创新系统在演化过程中呈现出的是诞生—发展—成熟—衰退或复苏的客观演化规律。

3.5.2 文化旅游产业创新系统构成要素及其层级构成

文化旅游产业创新系统是由多元要素与主体构成的开放演化系统，系统构成要素在与内外部环境相互耦合的基础上与相关产业融合，从而在更大范围、更高层次上构造出一个更大的创新演化系统。随着文化旅游产业创新系统的发展，系统组织功能不断丰富，产业价值链不断延展，文化旅游产业创新系统构成要素日益扩大，且呈现出多层级、网络化、复杂化的动态演化趋势[①]，并与其他产业融合形成多种新兴业态。例如，文化创意向农业、工业、林业、体育等传统产业领域渗透和辐射，形成的创意农业、创意工业园、文化体育主题公园、文化商业地产等新兴业态，既拓展了文化旅游产业创新系统的外延，又丰富了该系统的内涵(张振鹏和刘小旭，2017)。基于此，可根据文化旅游创新系统的性质与功能对各构成要素及其形成的层级体系进行划分(谢晓丹，2015)。

文化旅游产业创新系统构成要素可分为两类。①具有主观能动性的创新主体要素。创新主要是与人相关的活动，那么文化旅游创新系统的主体必然是与人相关的所有要素。可将政府及相应的管理部门、旅游者、文化旅游企业、文化旅游院校及研究机构等看作是文化旅游创新主体。②除创新主体外的其他要素。这些要素是指文化旅游创新系统所处的政治、经济等环境，同时还包括将创新主体连接在一起的网络性功能综合体。这些要素可能是实体性要素，也可能是非实体性要素。毋庸置疑，信息、技术、人才、资金等属于实体创新要素，而文化、政策、意识等则以无形的方式影响创新。这些构成要素相互作用，形成不同功能的要素主体，进而影响文化旅游产业创新系统的运行(图 3-9)。

文化旅游产业创新系统是基于文化与旅游两个产业系统构成要素相互作用耦合形成的一个多层级、多要素的复杂演化系统。同时，该系统包含了众多空间和功能相异的子系统，如资源禀赋子系统、创新主体子系统、产业实力子系统、创新能级子系统、政策环境子系统、成果共享子系统、市场环境子系统、对外开放子系统等。本书将这些子系统进一步分为两种类型，即：内核系统和调控系统。内核系统由整个文化旅游产业创新系统的本底要素构成，对整个文化旅游产业创新系统演化发展起基础性作用，主要包括：资源禀赋子系统、创新主体子系统、产业实力子系统和创新能级子系统；调控系统是影响和制约文化旅游产业创新系统发展的外部因素构成，对整个文化旅游创新系统的演化发展起支配和调节作用，既包含起促进作用的因素，又包含起阻碍作用的因素，主要包括政策环境子系统、成果共享子系统、市场环境子系统和对外开放子系统(肖宏，2014)。

文化旅游产业创新系统各构成要素之间，及其与外部环境之间相互联系，不断进行能量流、信息流和物质流的交换，从而使整个系统的耗散功能不断增强，形成整个系统发展的驱动力，促使整个系统由无序到有序、由低级到高级不断演进。

① 宋振春等(2012)探讨研究文化创新体系相关内容时，依据国家创新体系和部门创新体系，指出文化旅游创新体系是文化旅游所有要素相互作用形成的复杂网络层，这个复杂的网络层具有社会性、文化性和公共性，并且通过创新推动其进一步发展。

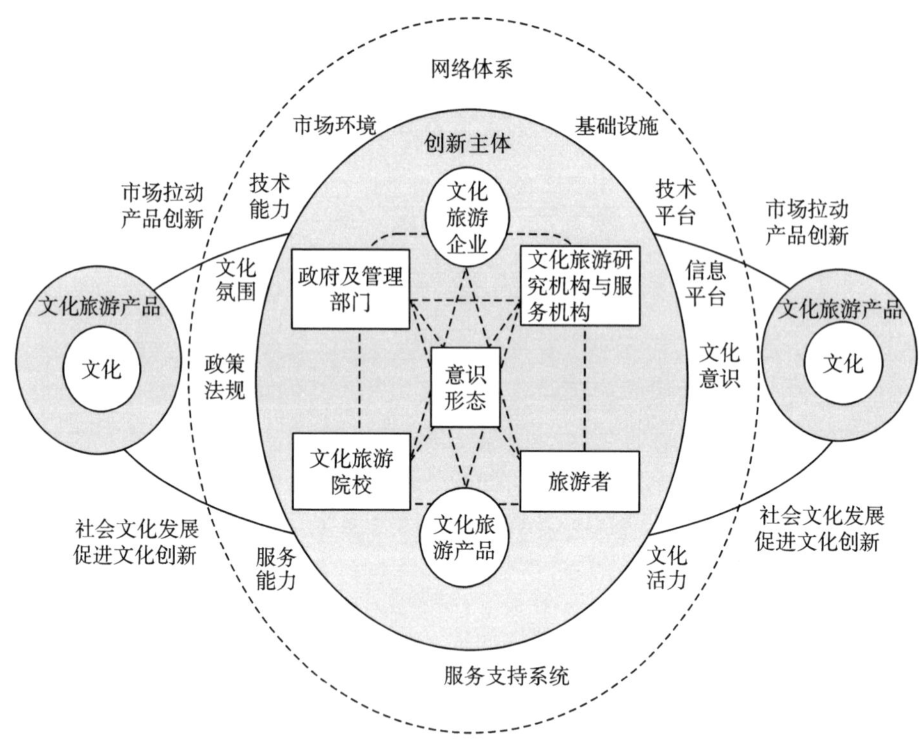

图 3-9 文化旅游产业创新系统要素结构图

3.5.3 文化旅游产业创新系统特性

通过对文化旅游产业创新系统含义的分析可以得知，文化旅游产业创新系统除了具有一般系统的复杂性、整体性、非线性等特性外，还具有以下特性。

1. 主体性

系统构成要素的主体地位和主体性是文化旅游产业创新系统最基本的特征之一，例如，文化旅游产业创新系统涉及的非物质文化遗产的属性主要包括主体性、整体性、多样性、时空性等，其以活态、原真存续为自发形态。主体性主要是指遗产的原生性主体，是遗产的地方性拥有者与实践者；整体性主要指构成遗产体系的所有文化要素及其文化生境；多样性是指遗产因原生性主体社会实践的差异性而形成的不同表现形式；时空性则是指遗产在遗产原生性主体的社会时间和社会空间中存续(吴兴帜，2016)。没有要素的主体地位和主体性存在就不能形成文化旅游产业创新系统。其原因在于，在具有卓越认知能力的人类这一要素参与下[①]，文化旅游产业创新系统具有更加主动的组织性、学习性与适应性，而主动地适应必须以具备主体地位和主体性这一基本条件为前提。这些主观上存在差异的主体，在文化旅游产业创新系统演化过程中通过与其他系统要素之间竞争而协同，并在协同的基础上形成方向与大小随时空变化而变化的耦合力，并产生一个合力作用于整个文化旅游产业创新系统演化过程。当然，这样的合力通过该系统的反馈机制也会使各创新主体不断地进行自我调整，以适应整个系统内外部环境的变化(杨春宇 等，2009b)。整个文化旅游产业创新系统的演化，包括新层次的产生、分化和多样性的出现都是在这个基础上逐步派生出来的。也正是该系统构成要素之间的这种能动作用，使文化旅游产业创新系统不是被动地接受环境的影响，而是以独立于环境的目的施加作用于环境；同时，文化旅游产业创新系统的行为是结合环境的刺激和本身的目的而自发的，通过获取和处理环境及其自身与环境之间相互作用的信息，并从中提取相关规律性作为自己行为方式的参照，争取采用在适应环境规律性范围内的最佳行为方式来实现自己的目的(谭长贵，2007)。

2. 适应性

相比其他复杂演化系统，文化旅游产业创新系统对地缘政治变化，国与国之间的关系变化，不同国家货币汇率变化、战争、流行病、自然灾害等事件导致的不可预期影响，文化消费观念变化[②]，旅游地之间竞合关系变化等新的形式或状态具有更加主动的组织性、学习性与适应性，并有能力引起自身在结构形式与行为方式上发生改变，做到对环境的适应。也就是说，文化旅游产业创新系统构成要素之间及与外界环境之间不再是传统观念上简单、被动、单向的因果关系，而是主动地学习、调整与适应的过程，并在相互适应的基础上耦合在一起。其耦合过程所形成的正、负反馈循环对文化旅游产业创新系统演化起着催化与抑制作用，促使其能够在环境中学习、积累经验，改进与控制自身行为规则并适应复杂多变的外部环境，从而使文化旅游产业创新系统在整体上表现出运行的协调性和行为模式的持续性。

3. 动态平衡性

作为一种复杂适应系统，文化旅游产业创新系统本身就具有自稳定的性质。也就是说，它总有一种条件或机制来抵御外部环境的不断干扰(如政治、经济、

---

① 如前所述，文化旅游产业创新系统中包含众多如文化旅游从业人员、文化旅游者、科研人员等具备学习和认知能力的主体要素。

② 文化消费满足人们的精神需求，并非刚性消费需求，具有动态性和个性化特征。

技术、气候、自然灾害对文化旅游产业创新系统软硬件环境造成的破坏以及旅游地一定时期游客量的异常波动引起的系统振荡)，当其状态被外部环境迫使离开系统平衡点时，总可以返回平衡状态，或至少保持在结构存在许可的范围里，我们称之为内稳机制。这一内稳机制正是来自文化旅游产业创新系统的适应性(金观涛，2005)。

文化旅游产业创新系统的内稳机制使系统演化从整体上看处于平衡状态，但其内部无时无刻不在改变着平衡状态。系统在整体平衡的同时仍然存在着某种程度或某些方面的不平衡，也就是说，其演化的平衡是动态的，而不是静止的，在演化曲线上则表现为短期振荡、长周期的非线性发展过程。当然，文化旅游产业创新系统动态平衡的包容性也是有限度的，它只能在一定范围内包容，如果超出这个范围，其动态平衡就会被打破。在一定时期内，文化旅游产业创新系统演化呈现出的动态平衡状态为我们把握其特征和演化机制提供了前提。

4. 开放性与融合性

开放与融合是文化旅游产业创新系统的两个关键作用环节。文化的本质是兼容并收，它是所有国家和民族丰富文化内涵、提高文化水平、实现文化创新的必由之路，是文化发展的普遍规律(周薇，2006)。

贝塔朗菲在其一般系统论理论里揭示了系统与环境之间不断通过正、负反馈作用进行物质、能量和信息交换，基于此，系统有组织地处于活跃状态，并保持其生命力，正是系统能够与内外部环境进行物质、能量和信息交换，使其具有了开放性和融合性等特征。文化旅游产业创新系统亦是如此，它必须开启与外界相互联系的大门，不断得到文化、旅游产业领域内外各种信息的反馈，才能在与外界的相互作用中进行自我调节和变化，从而实现有序发展。

融合是指系统吸收和容纳物质、能量、信息的功能和特性。系统把各种事物都吸收进来，甚至把内容不同、性质相反的东西也一并吸收进来，经过内部要素之间能量交换、关系整合和功能转换，融汇成自身组织结构新的有机构成，以促进自身组织向更高层次跃进，即进化。在文化旅游产业创新系统中，融合性是比开放性更进一步的能力，它是文化旅游产业创新系统存在的一种常态。文化旅游产业创新系统的融合能力越强，其生命力就越强；融合性也是人类文化生生不息的奥秘所在，文化旅游产业创新系统越具有融合性，就越能保持生机和活力。

文化旅游产业创新系统的开放性与融合性是相互依赖、密不可分的。一方面，开放性是融合性的前提和条件，因为隔离和封闭的系统是不可能融合的。文化旅游产业创新系统开放的空间越大，获取信息的机会和能力越多，融合程度就越高；另一方面，融合性是开放性的必然和升华，开放的文化旅游产业创新系统会主动吸收信息，使该系统的信息量不断膨胀，并突破原有的演化发展框架，促成其体系的重构和进化。融合的这种“有容乃大”效应，又为文化旅游产业创新跃入更高层次的开放建构了更大的平台。总而言之，文化旅游产业创新系统就是在开放性与融合性相辅相成的作用中不断演化发展的。

第 4 章　文化旅游产业创新系统演化机制

4.1　文化旅游产业创新系统耦合力

恩格斯曾说过：“历史是这样创造的：最终的结果总是从许多单个意志的相互冲突中产生出来的，而其中每一个意志，又是由于许多特殊的生活条件，才成为它成为的那样。这样就有无数相互交错的力量，有无数个力的平行四边形，由此就产生出一个合力，即历史结果，而这个结果又可以看作一个作为整体的、不自觉地和不自主地起着作用的力量的产物(马克思和恩格斯，1995)。

不可否认，文化旅游产业创新系统包含的每个要素都通过各自作用力来影响整个系统的形成、发展、演变甚至消亡(肖宏，2014)。文化旅游资源禀赋状况、文化主体的意识与理念、参与主体的创新能力、文化旅游消费需求、文化旅游市场供需、技术创新、旅游目的地基础设施、国家或地区政策措施、国与国的政治关系、货币汇率、国际局势等因素对文化旅游产业创新系统的发展演变都会产生不同的反馈作用，也就是说，上述系统构成因素各自拥有的作用力在大小和方向上都存在差异，对系统演化过程而言，既有正向的推动作用，也有逆向的阻碍作用，甚至在系统不同的演化阶段，原有的正向推动因素有可能转变为系统演化的阻碍因素。但是，它们对文化旅游产业创新系统演化过程的影响不是直接的，而是在与其他系统要素构成耦合关系的基础上整体地影响创新系统演化过程。这些作用力性质不同、大小不等、方向不一，在不同时空维度下各作用力处于不断变化的状态。引起各作用力变化的因素也很多，其中包括文化旅游产业创新系统构成要素本身所处时空维度的变化、其他作用力的波动、环境因素的扰动及其自身的涨落等。实际上，文化旅游产业创新系统构成要素间的耦合关系就是各作用力的相互作用，文化旅游产业创新系统构成的本质联系也就在于各作用力的存在和相互作用，并且创新系统构成要素在一个共同拥有的开放体内相互作用，通过这种相互作用形成综合的影响，或者说形成一个合力——耦合力。文化旅游产业创新系统耦合力对创新系统演化机制来说具有以下两个含义(杨春宇 等，2009c)。

4.1.1 耦合力——解释了文化旅游产业创新系统演化的动力源泉

郭文(2016)认为旅游空间实践生产呈现如下特点：经济社会发展—(某地)文化旅游兴起—文化资本空间化—文化空间资本化—人地关系及文化空间关系生产；反逻辑循环，又体现了(某地)人地关系和社会文化关系的进一步物化，进而产生异化集聚的文化空间效应。当从文化旅游产业创新系统的不同层次或部分切入并不断向下追溯单向的因果关系时可以发现，创新系统的各个组成部分之间都存在这类耦合关系形成的正反馈循环或负反馈循环，且在演化过程不可逆性、有限性和自组织性这三方面条件的结合下，在一个有限的时空范围内某一作用力从系统发出，几经传递和变换最终又回到自身，形成一个回路，这一过程及其关系可称为自耦合。正、负反馈作用使创新系统自耦合在这个联系回路中振荡——形成一种“环”，即正、负反馈循环。前者对文化旅游产业创新系统演化起“自催化”与“自激励”的作用，从而促使其不断创新[①]产生新生事物，这也是文化旅游产业创新系统自我更新、发展，向前演化的通常形式。但正反馈循环总是起系统演化发展放大作用，且将不断加剧文化旅游产业创新系统偏离平衡。例如，文化旅游产业创新系统发展初期，其新开发的某一类型文创产品获得游客青睐并造就了巨大的市场需求，巨大的市场需求形成巨大的市场吸纳能力，巨大的市场吸纳能力又产生了巨大的、新的市场消费能力，这就向社会及商业投资发出了强烈的信号，从而促使文化旅游产业迅猛发展。该产品在促进文化旅游产业发展的同时，资金和人才也会迅速积累，文化旅游产业系统自身也在加大创新投入，文化旅游创新产品不断增加，形成文化旅游产业经济扩展带动创新资源和文化旅游创新产品不断增加的良性机制。与此同时，在正反馈循环不断放大的作用下，包括政策、资金、人才、资源等一系列文化旅游产业创新要素相互作用，促使文创产品及其创新系统不断增长，形成一个迅猛发展的演化趋势。该正反馈过程促使产业创新系统持续发展，产生的如创新技术推广降低竞争门槛导致大量的仿冒品、同质产品涌入市场；文创产品老化导致创新系统在现代社会消费快速迭代的残酷竞争下失去竞争力等系统惰性；满足社会消费主义倾向的非原真性再造、文化遗产地的“去生活化”景象、传统乡村仪式从民俗到商业景观的变迁、旅游地神圣

① 马克思(2004)将创新思想视为其剩余价值理论中的一个重要组成部分，他认为：“获得超额剩余价值是资本进行创新生产的重要目标，生产方式的改进会使资本家缩短生产商品的必要劳动时间，从而获得更多的相对剩余价值。资本家创新活动会在价值规律的作用下引起和促进商品生产者之间的分化，这也是资本家进行创新的根本动力。资本家为追求超额剩余价值而争相进行创新的过程也是全要素生产率提升与经济加快增长的过程。作为创新的成果，新的技术或者生产方式会对旧的技术或生产方式产生革命性的替代，改变原有的生产关系，提高生产力。”约瑟夫·熊彼特(1990)在其创新理论中将创新内置于经济系统的循环流转中，强调创新对经济发展的重要作用。熊彼特从创新的角度解释了经济增长和经济周期的形成原因，他认为：“利润仅存在于‘创新’及其创造性破坏的一系列活动中，‘创新’是利润的唯一来源。企业家追求利润从而进行的‘创新’打破了原有的经济均衡状态，导致了经济的非均衡发展。”并且熊彼特认为创新是不可预测的。

仪式的娱乐化。上述负面积累效应(负反馈)在未来某一时刻将导致文化旅游创新系统快速失去自我更新能力与核心竞争力，从而为文化旅游产业创新系统的衰落埋下伏笔。

文化旅游产业创新系统负反馈演化过程对该系统演化起着抑制作用。自耦合这一机制通过比较文化旅游产业创新系统输入与输出(这里的系统输入与输出主要是指资金、人才、游客量、产业规模等指标。对文化旅游产业创新系统而言，其输入与输出难以穷尽，但归根到底所有输入与输出的综合作用结果都体现在文化旅游产品消费量的增加与减少，即文化旅游消费者数量这一指标上)之间的差别值对创新系统进行调控，以保持其稳定性(图 4-1)。也就是说，文化旅游产业创新系统的正反馈与负反馈过程及作用结果一旦超出系统的承受极限，该机制将自动通过比较装置进行检测并采取各种限制措施以保证文化旅游产业创新系统的有序与稳定发展。

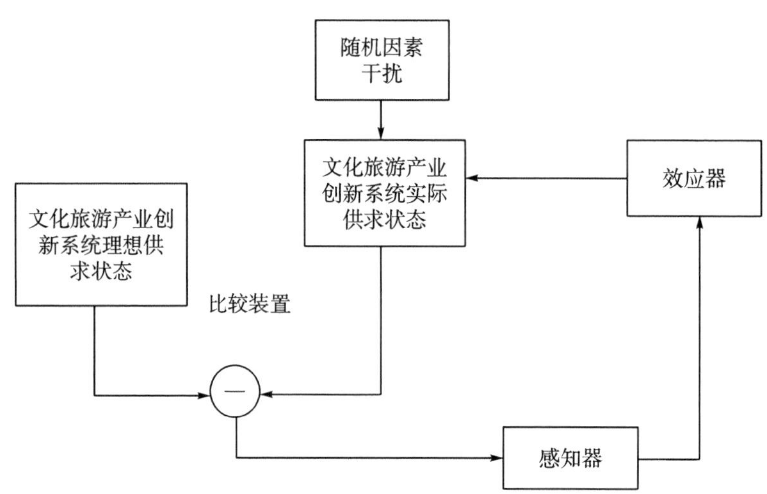

图 4-1　文化旅游产业创新系统演化反馈调节机制

正、负反馈循环在文化旅游产业创新系统演化过程中好似一对相互作用和影响的推力和拉力，促使文化旅游产业创新系统相对其演化平衡点“涨落”，从而为文化旅游产业创新系统演化提供源源不断的发展动力。同时，这种相互关系还会随着文化旅游产业创新系统的演化与发展形成更复杂的具有不同层次和功能的耦合网，反过来又进一步促进文化旅游产业创新系统的演化。正是在这个意义上，我们把正、负反馈看成是文化旅游产业创新系统演化的“发动机”。

4.1.2　耦合力——诠释了文化旅游产业创新系统演化内稳机制的起源

耦合力的概念强调文化旅游产业创新系统是在系统构成要素相互关联、相互作用基础上形成的一个整体，即系统某一要素的作用力是在各要素相互作用所形成的系统耦合力的基础上影响文化旅游产业创新系统的演化。各要素在相互作用的同时，既能有效伸缩或涨落，又能通过这种伸缩或涨落达到各要素彼此容纳的和谐状态(谭长贵，2001)，从而形成文化旅游产业创新系统内稳机制(图 4-1)。

但是，仔细分析会发现负反馈调节机制仅解释了文化旅游产业创新系统演化的维稳机制(内稳态)，并没有揭示这种维稳机制的起源。也就是说，首先需要确定文化旅游产业创新系统内稳态中哪些“恒值”保持不变，之后才能寻找鉴别目标差的信息机构和信息传递机构与效应器之间的关联。从文化旅游产业创新系统构成要素的耦合视角则能很好地诠释系统内稳态目标值是如何确定的。

当分析文化旅游产业创新系统创新能力与生命周期的关系时，如果从反馈的角度来看系统平衡，只有预先确定了平衡值才能分析整个系统，但无法确认什么是系统的平衡态。当从上述二者的耦合角度出发时，我们发现二者彼此影响与作用，在文化旅游产业创新系统生命周期演化曲线的每个阶段，文创能力、新产品研发投入、文化旅游产品的营销措施、游客文化消费倾向的变化等造成的游客量变化，都会对文化旅游产业创新系统的创新能力造成不同程度的影响，也就存在一个与之相对应的文化旅游产业创新系统竞争力阈值，不同阶段的文化旅游产业创新系统竞争力阈值反过来会影响文化旅游产业创新系统的游客吸引力并以游客量的增减呈现出来。正是这种关系决定了文化旅游产业创新系统平衡的存在，当文化旅游产业创新系统偏离平衡时，也是这种关系维持着文化旅游产业创新系统的反馈调节。事实上，文化旅游产业创新系统构成要素之间的耦合关系就决定了其可能存在平衡点，根据 W.R.艾什比(1965)的控制论理论与方法，可以从文化旅游产业创新系统耦合关系的交互作用方式推出平衡点的数目，以及从平衡点的稳定性判别反馈是正还是负。这样一来，文化旅游产业创新系统耦合力就很好地解释了包括目的本身在内的内稳机制的起源。

4.2　文化旅游产业创新系统功能耦合网

随着大量构成要素之间相互适应和竞争，文化旅游产业创新系统不断自组织并日趋演变成为多维、多层次、多变量的复杂系统，文化旅游产业创新系统构成要素之间的耦合关系也形成了更为复杂的具有不同层次和功能的耦合网，主要表现在系统要素耦合关系具有明确的层次结构，其整体自控力和竞争力显著提高。耦合关系不仅把文化旅游产业创新系统构成元素糅合起来，还在更高结构层次上如桥梁般把文化旅游产业创新系统的不同子系统连接起来，并将一个子系统的输出作为别的(或自己的)子系统的输入，由此形成一个完全的功能耦合系统，从而在一定时间、空间和形态范围内构成某种稳定的结构模式，也就形成了文化旅游产业创新系统的组织形式和结合方式——文化旅游产业创新系统结构。由此，具有整体性特征的文化旅游产业创新系统也就产生了。这一过程可以从文化旅游产品供给与需求关系角度来分析研究文化旅游产业创新系统功能耦合网是如何形成的。

从经济学角度出发，文化旅游产品价格是决定创新系统供给与需求的根本性因素。根据供给与需求规律，文化旅游产品价格越高，则需求量越少，而供给量越多；反之，文化旅游产品价格越低，则需求越多，而供给量越少。因此，文化旅游产品价格决定着供给与需求的均衡交易量，而文化旅游产品供给与需求两种矛盾力量共同作用的结果，又形成文化旅游市场上的均衡价格。

假如以横坐标 Q 表示文化旅游产品数量，以纵坐标 P 表示文化旅游产品价格，把文化旅游产品需求价格曲线 L_1 和文化旅游产品供给价格曲线 L_2 在同一坐标图中绘出(图 4-2)，L_1 与 L_2 相交于 E 点。在 E 点，由于文化旅游产品供给量与文化旅游产品需求量相等，故将 E 点称为文化旅游产品供求平衡点，这时相对应的价格 P_0 称为均衡价格，相对应的文化旅游产品数量 Q_0 称为均衡产量。如果文化旅游产品价格高于 P_0 并上升为 P_1，这时文化旅游产品需求量减少到 Q_1，而文化旅游产品供给量增加到 Q_2，文化旅游产品市场上出现供大于求，即 Q_2-Q_1；如果文化旅游产品价格由 P_0 降到 P_2，则文化旅游产品需求量增加至 Q_3，而文化旅游产品供给量减少至 Q_4，这时文化旅游产品市场出现供不应求，即 $Q_4-Q_3=-(Q_3-Q_4)$。

上述文化旅游产品需求与供给关系是从静态的角度分析二者的均衡关系，但从实际的经济运行机制上来分析可以得知，一旦文化旅游产品供给形成，虽然运行周期较长，并具有相对稳定性，但在一定的供给能力内仍然会随文化旅游产品价格的变化而变化，即文化旅游产品供求关系是处于动态均衡中的。微观经济学中也有定理可以证明，即当其他条件不变时，商品的市场价格和产品数量由 L_1 曲线与 L_2 曲线的交点 $E(Q,P)$ 确定。当市场价格为 $P_1 \neq P_0$、产品数量为 $Q_1 \neq Q_0$ 时，价格会按如图 4-3 所示的收敛蜘蛛网的运动轨迹自动趋于 P_0 和 Q_0，并在一定程度上保持 P_0、Q_0 的稳定，文化旅游产品价格及其所决定的旅游供求关系也是如此。

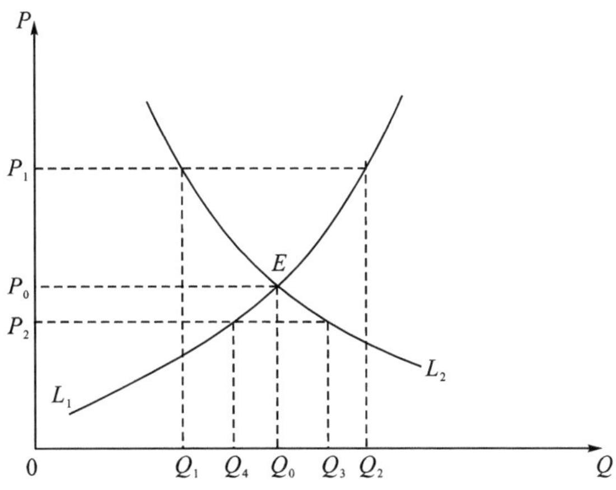

图 4-2　文化旅游产品供求关系图

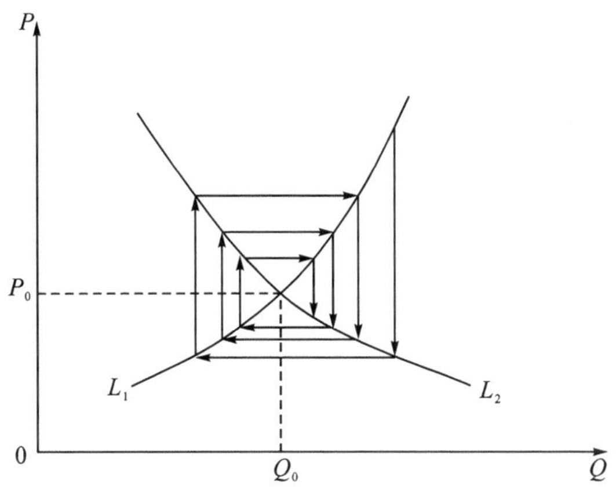

图 4-3　文化旅游产品供求收敛图

众所周知，上述内容就是价值规律的一部分，它是市场经济组织系统的重要功能。为什么市场经济组织具有这种功能？金观涛(2005)对此从方法论上进行了论证，并提出微观经济学是把市场经济组织看作一个功能耦合系统来研究的。在此，本书借用其理论方法对文化旅游产业创新系统功能耦合网进行详细分析。

文化旅游产业创新系统功能耦合网中每个子系统要符合广义因果律。第一种是文化旅游产品价格和需求量的因果关系。在其他条件不变时，价格越高，社会需求量越小，因为人们可以购买其他类似的文化旅游产品(正是因为某些类型的文化旅游产品具有较强的替代性，所以文化旅游产品呈现出高价格弹性)。每一个人经过思考就可以发现这种因果性。因而我们可以得到第一个子系统 D，它的

输入是价格 P，输出是购买量 Q_1。当其他条件不变、P 增加时，购买量 Q_1 减少。曲线 L_2 表明了输入 P 和输出 Q_1 的关系。影响子系统 D 结构的是各种社会心理因素。第二个子系统是 S，它代表微观经济中另一种众所周知的广义因果关系，即其他条件不变时，文化旅游产品价格越高，生产者越愿意生产。影响子系统 S 结构的是追求利润的动机。S 的输入也是 P，P 越大，S 的输出 Q(实际生产量)越大，表明这个关系的就是曲线 L_1。当然仅有这两个子系统是不能形成文化旅游产品市场经济规律的。对市场经济规律而言，文化旅游产品供需关系中还有一个关键性的子系统即文化旅游产品市场机制 M(在市场经济条件下，文化旅游产品市场的功能作用是通过市场机制来实现的。所谓文化旅游产品市场机制，就是各个文化旅游产品市场主体进行经济活动而形成的供求、价格、竞争、风险等因素有机结合的方式，它是文化旅游产品市场中的交换各方在交换活动中形成的相互影响、相互制约的内在联系方式，具体表现为供求机制、价格机制、竞争机制、风险机制的共同作用过程)。M 也可以用广义因果律来表示，其输入是 Q_1 和 Q，输出是 P。M 的输出也是由 Q_1 和 Q 决定。显然，文化旅游产品市场机制也可以归为某种广义因果性。

当文化旅游产品供给大于需求时，市场上的卖方会倾向于降低价格 P，当供给小于需求时，卖方会提高价格 P。当 $Q_1=Q$ 时，M 不使价格变动。虽然输入 Q_1 和 Q 怎样影响 P 不能用简单的函数关系表示，但这确实是一种广义的因果性。换言之，在其他条件不变时，M 的功能可以简化为当需求量 Q_d 和供给量 Q_s 不等时，M 根据 $Q_d<Q_s$、$Q_d>Q_s$ 或 $Q_d=Q_s$ 的信息分别做出降低价格、提高价格或保持价格不变的反应。显然，这三个子系统的输入与输出互相耦合形成一个典型的功能耦合网，它就是文化旅游产品市场机制的某一个方面(图 4-4)。价值规律正是这个创新系统功能耦合网的功能。只要做某些简化，即可得到图 4-3 所示的均衡。

在一般情况下，文化旅游产品在市场上的极度稀缺和大量积压是不可能的，文化旅游产品的生产者总是要把生产出来的产品卖掉。因此，M 总是把价格 P 调整到由价格控制的需求量等于当时的供给量，即 $Q_d=Q_s$。也就是说，在文化旅游产品不能积压的条件下，文化旅游产品市场机制都会迅速把文化旅游产品某一时刻的价格调整到刚好等于某一时刻市场需求该文化旅游产品供给量的程度，这样，一旦 Q_s 确定，Q_d 也就确定，P 也随之确定。由此，M 和 D 耦合就简化为一个新的子系统 D'，D' 的输入是$\{Q\}$，而输出是$\{P\}$，Q 和 P 的函数关系和需求曲线相同，这样就得到了一个由 P 和 S 这两个子系统功能耦合而成的更为简单的组织(图 4-5)。

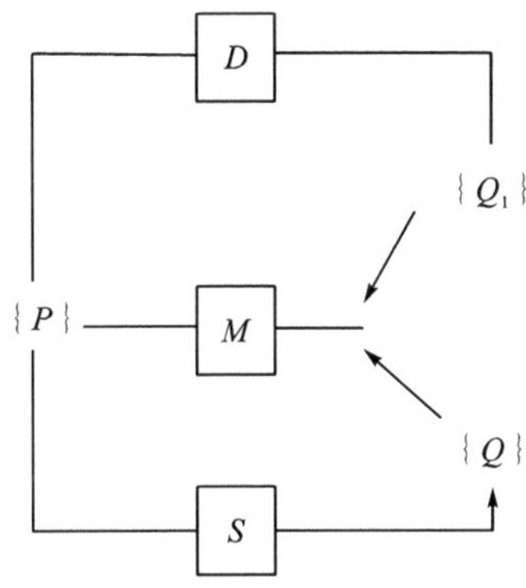

图 4-4　文化旅游市场功能耦合网

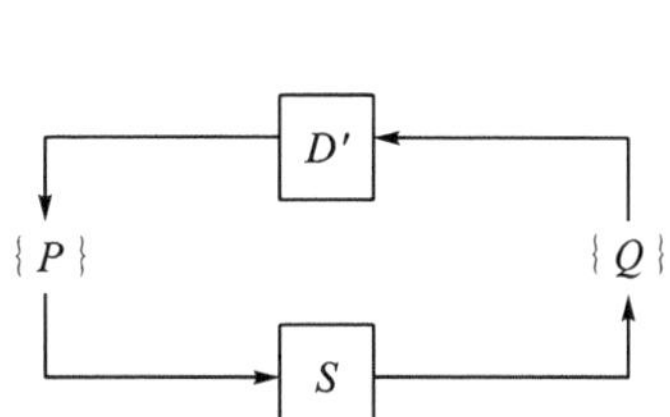

图 4-5　系统功能耦合简化组织图

通过上述分析可以明白图 4-3 的内在含义，即用曲线 L_2 与曲线 L_1 相交求出的均衡价格不仅具有数学意义，而且代表了两个子系统的功能耦合。因而 P_1Q 按蜘蛛网轨迹运动的原因也清楚了。它们也是功能耦合系统中输入与输出的变化过程。例如，假定一开始 $Q=Q_1$，那么价格将由 Q_1 输入 D 后得到的结果决定，$P_1=D(Q_1)$，然而当 P_1 确定，下一时刻的 Q 也将重新确定，因为文化旅游产品供给者将重新根据价格来确定新的生产量，即下一时刻的 Q_2 将由 P_1 输入 S 后得到的结果决定，即 $Q_2=S(P_1)$，这样功能耦合使 P 和 Q 的值不断变动。显然，由 Q_1 决定 P_1，再由 P_1 决定 Q_2……这个过程可由标有供给曲线和需求曲线的 $P\times Q$ 相平面表示。根据 Q_1 找到曲线 L_2 线相应的 P_1，再将 P_1 代入曲线 L_1 找到相应的 Q_2，以此类推，P 和 Q 变化轨迹就构成收敛型蛛网(图 4-6)。这就证明了文化旅游产品市场机制能够保证、促使系统在受外力干扰的情况下回到原来的均衡点，使文化旅游产业创新系统处于稳定状态(当然，如果系统无法回到稳定状态，说明系统或是崩溃了，或是跨越了此阶段，进入了一个新的演化状态)。但这仅是现实文化旅游产业创新系统经济演化的一种情况而已，也就是说，文化旅游产品供求关系之间互为条件、互为因果的耦合循环圈形成的结果存在两种可能：一种是自我肯定，一种是自我否定。前者表示文化旅游产业经济系统处于稳定状态，后者表示文化旅游产业经济系统处于不稳定状态。这种互为条件、互为因果的关系也正是文化旅游产业经济系统内各个部分互相调节以维持自己存在的基本机制。图 4-6～图 4-9 分别表示旅游产品需求与供给之间互为因果的四种关系及其表现形态。

第一种形态是当文化旅游产品市场受干扰偏离原有的均衡状态以后，实际价格和实际产量会围绕均衡水平上下波动，但波动的幅度越来越小，最后会恢复到均衡点 E 所代表的水平(图 4-6)。也就是说，相对价格轴，需求曲线斜率的绝对值大于供给曲线斜率的绝对值，蛛网逐渐收敛到供给曲线和需求曲线的交点

(Q_0, P_0)。由于外在的原因，当文化旅游产品价格和产量偏离均衡数值(Q_0, P_0)后，文化旅游产业创新系统中的内稳机制能使文化旅游产品价格和产量自动地恢复到均衡状态。由此可见，图 4-6 中的均衡点 E 所代表的均衡状态是稳定的。

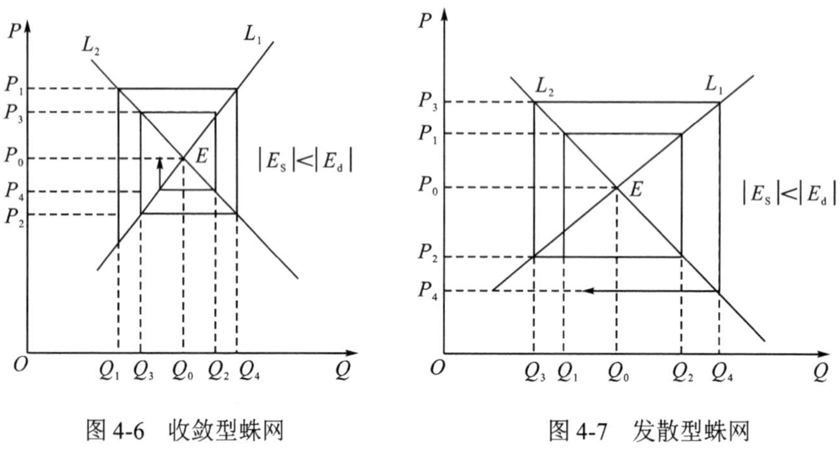

图 4-6 收敛型蛛网　　图 4-7 发散型蛛网

第二种形态是当文化旅游产品市场受外力的干扰偏离原有的均衡状态后，实际文化旅游产品价格和产量上下波动的幅度会越来越大，偏离均衡点 E 所代表的均衡产量和价格越来越远(图 4-7)。也就是说，相对价格轴，需求曲线斜率的绝对值小于供给曲线斜率的绝对值，从而形成发散型蛛网。由此可见，图 4-7 中的均衡点 E 所代表的均衡状态是不稳定的，被称为不稳定的均衡。

第三种形态是当文化旅游产品市场受外力的干扰偏离原有的均衡状态后，实际文化旅游产品产量和价格始终按同一幅度围绕均衡点上下波动(图 4-8)，既不进一步偏离均衡点，也不逐步地趋向均衡点。也就是说，供给曲线斜率的绝对值等于需求曲线斜率的绝对值，称为封闭型蛛网。

第四种形态是当文化旅游产品市场受外力的干扰偏离原有的均衡状态后，实际文化旅游产品产量和价格呈现出非线性波动(图 4-9)。也就是说，文化旅游产品需求斜率与供求斜率弹性不匹配(斜率呈现出非线性)。

理论与实践研究表明，文化旅游产业创新系统中的文化旅游产品需求与供给之间互为因果的关系不仅存在互相调节的平衡模式，还包括另一种互相作用的模式——供求不平衡，即当文化旅游产品需求弹性和供给弹性不匹配时，价格会陷入无穷无尽的不稳定波动状态。无论文化旅游产品供给量一开始取哪一个值，都会出现扩散的方螺旋，或是封闭的圈，或是无规则地波动，使文化旅游产业创新系统陷入无休止的振荡。这就是文化旅游产品需求与供给之间互为因果的否定模式。这种自我否定模式表示文化旅游产品价格不稳定，文化旅游产品生产量不确定，整个文化旅游产业创新系统动荡不安。

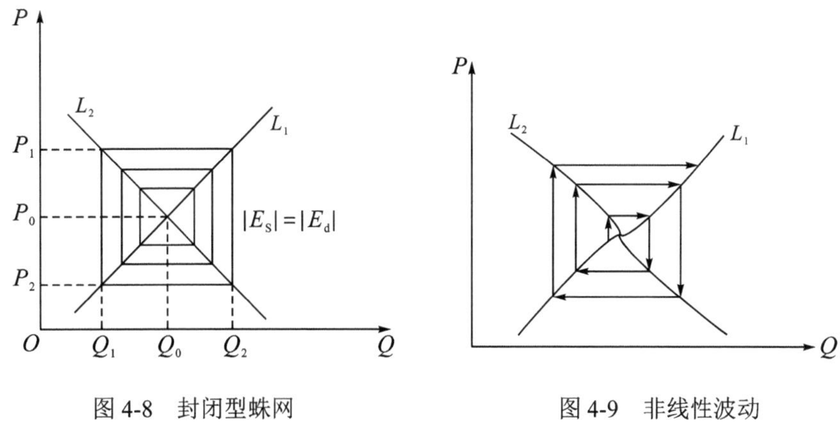

图 4-8　封闭型蛛网　　图 4-9　非线性波动

借鉴金观涛(2005)的研究，可以将文化旅游产品市场机制扩展到整个文化旅游产业创新系统中分析，按照上述思路抽象和概括出文化旅游产业创新系统的整体组织结构。把文化旅游产业创新系统的整体性质看作 W，如果它能由一些较低级的功能 W_A、W_B、W_C、W_D…W_M 耦合而成，而在系统整体中存在着部分 A、B、C、D、…、M，它们具有功能 W_A、W_B、W_C、W_D、…、W_M。那么整体文化旅游产业创新系统 W 可以看作子系统 A、B、C、D、…、M 通过功能耦合而构成的组织系统。因为每个子系统都是符合广义因果律的，那么必定可以给子系统规定有输入和输出。输入是这个子系统存在的条件，输出为子系统的功能。令子系统 M 的条件集合为 $X_m=\{X_1,X_2,\cdots,X_i\}$，功能集合为 $Y_m=\{Y_1,Y_2,\cdots,Y_i\}$。由于功能是由条件决定的，即有

$$Y_m = M[X_m] \tag{4.1}$$

式中，M 表示从 X_m 到 Y_m 的映射，即 X_m 和 Y_m 的关系，它就是子系统 M 的结构。$Y_m = M[X_m]$ 表示当条件集 X_m 存在时，系统结构确定时，功能 Y_m 是确定的。它是广义因果律的表现。我们可以把子系统表示为

$$\{Y_m\} \leftarrow \{X_m\} \leftarrow \boxed{M} \tag{4.2}$$

文化旅游产业创新系统就是将 A、B、C、D、…、M 等各文化旅游产业创新子系统耦合起来，使某些文化旅游产业创新子系统的输出刚好是另一些文化旅游产业创新子系统或其自己的输入。这也正是文化旅游产业创新系统这一多组织、多层次结构整体如何通过功能耦合网构成复杂系统的原因。显然，功能耦合网并不是创新系统中某种未知的实体。金观涛(2005)认为，如果把一个组织系统中的输入和输出集和组织中能观察到的部分(实体)相对应，那么功能耦合网就是它们之间的关系。任何一个组织系统都有相应的维生结构，并不是指我们在结构组成上发现新的未知实体，只是说这些部分之间的关系中间存在着一种自耦合，它是以维系功能耦合为目的的。

4.3 文化旅游产业创新系统演化分歧点

Leiper(1995)通过对旅游供给和旅游需求两个主要因素进行考察，阐明了旅游业是一个差异性很大的行业。旅游需求本身具有不稳定性、季节性和无序性，而文化旅游需求的供给又具有脆弱性和非灵活性，这无疑是造成文化旅游产业创新系统经济波动的主要因素之一。这一点从本质上说明文化旅游产业创新系统在其演化过程中处在各种干扰形成的“涨落”中。对人类参与的具有主动适应性的文化旅游产业创新系统而言，其演化过程具有对环境和自身演化的主体性与目的性，因此演化过程中的“涨落”不同于某些低层次系统对环境变动的被动应对，其对环境变化的方式趋于多样化，既有被动应对，如文化消费时尚与文化欣赏变化，对文化旅游目的地罢工、示威、游行、暴力、战争、流行病、瘟疫等各种社会与自然突发事件引起的被动应对；也有为促进文化旅游产业创新系统功能的提升、效益的增加、行业的和谐发展而主动制订促进文化旅游产业发展的相关政策、调整货币政策、调整本国的休假制度、改善旅游目的地间竞合关系、利用VR等新技术开发新的文化旅游资源与产品等。

无论“涨落”的原因是外部环境引起的系统被动应对，还是系统为求发展而主动调整，在文化旅游产业创新系统演化过程中一旦某个变量或行为的“涨落”超出其所能承受的阈值时，文化旅游产业创新系统结构就会发生质变，这一阈值点称为演化“分歧点”。正如人类自身和其生活的世界只是可能性组合“海洋”中较为稳定而坚实的“岛屿”一样，在干扰因素的影响下，文化旅游产业创新系统演化由于各种不确定性而在分歧点出现多重解。到底遵循哪种可能性，取决于在分歧点附近各种要素与条件组合形成的系统耦合力(其中耦合力的性质、大小、方向将会影响整个文化旅游产业创新系统对分歧点的选择)，也就是说文化旅游产业创新系统在分歧点上具有多种可能的路径选择，因此自组织过程能以不同演化方式、方向、速度、阶段进行着，不断形成新的结构和功能，使文化旅游产业创新系统演化具有不确定性与不可重复性。简言之，它使文化旅游产业创新系统的自组织演化过程成为复杂、不可逆的演化过程。文化旅游产业创新系统演化过程既可以说是有序中包含着无序，也可以说是无序中包含着有序，拨开层层表象，通过追溯系统构成要素的耦合关系及其形成的功能耦合网可以洞悉其演化过程中的确定性，反之也可以解释其外在演化表象不确定性产生的原因。

4.3.1 文化旅游产业创新系统演化过程的确定性

首先，世间万物有出生，就有灭亡，有鼎盛，就有衰败，这是自然发展的客观规律。纵观事物发展的历史曲线，其呈现出“盈—消—虚—息”的明显过程。本来盈与虚、消与息是两对矛盾、两个对立面。但由盈到虚要经过消的过程；由消到息要经过虚的过程，这个过程循环往复，形成周期，构成轮回(李炳彦，2004)。

文化旅游产业创新系统演化过程也是如此。一旦某一新的文化旅游产品获得消费者的青睐，或是有游客在某一尚未开发且具有成为文化旅游地发展潜力的区域活动时，实际上已经产生了文化旅游产品供求关系，二者的因果关系及形成的反馈循环耦合在一起，形成了具有新结构和功能的系统——文化旅游产业创新系统，而它的发展演化过程必定要经过上述几个阶段。例如，胡小海和黄震方(2011)认为在各驱动因素的综合作用下，区域文化资源与旅游经济呈现出阶段性的耦合特征。从耦合的时间历程来看，大致可分为耦合萌芽阶段、耦合初级阶段、耦合发展阶段和耦合成熟阶段。各阶段外部驱动力的作用强弱及机制各不相同，且呈现出相互作用和阶段性转换的特征(表 4-1)。

表 4-1　区域文化资源与旅游经济耦合驱动时序规律

耦合发展阶段	旅游发展阶段特征	耦合特征	主要驱动力作用
耦合萌芽阶段	零星游客，区域文化旅游资源处于原始状态，没有旅游设施，旅游经济尚未形成	无耦合	文化资源原生吸引力
耦合初级阶段	文化资源开发，游客增多，旅游产业开始发展，旅游设施增加	为了发展旅游经济，区域文化资源得到保护和开发，知名度提高，耦合效应开始形成	市场需求促进了资源开发，政府开始建设旅游设施
耦合发展阶段	旅游经济进入快速发展阶段，旅游人数不断增长，旅游基础设施不断完善	一部分旅游收益开始用于文化资源保护，政府和居民文化保护意识提高，区域内其他文化资源得到保护，旅游发展对区域内文化产业出现带动效应	政府规划、管理、促销、推进项目建设，资金投入旅游项目
耦合成熟阶段	旅游经济进入成熟阶段，游客量处于饱和状态，旅游品牌形成，知名度和美誉度较高	一批依托品牌的文化产业开始兴起，在取得经济效益的同时也增强了旅游地吸引力，旅游与文化产业融合发展，旅游对文化的反哺效应显现，传统文化资源得到保护，新的文化资源开始积淀	政府引导旅游带动文化产业发展，市场需求促进相关文化产品开发

其次，文化旅游产业创新系统的创造和发展之所以具有确定性(目的性)，还在于创造文化旅游产业创新系统的人具有主体性的自觉意识。韩民青(2011)剖析

了恩格斯对人类文化发展本质特征的概括：首先，文化发展史是由人们自觉的目的性活动构成的；其次，人的目的性活动在文化发展史总体结果上“造成了一种同没有意识的自然界中占统治地位的状况完全相似的状况”，也就是一种自然决定性的过程。这两层含义是一个完整的思想，即人类文化是一个由目的性活动构成的自然决定性过程。很清楚，在文化的发展中，诸多的、具体的目的性活动结合成总体的自然决定性过程，这是把目的性包含于自身更高级的自然决定性。反观文化旅游产业创新系统的演化发展过程，它也充满了无数人自觉的目的性活动，系统参与者总是秉承特定目的进行文化旅游资源开发、产品设计、市场推动以促进系统的发展，并且系统越发达，其目的性越突出。

最后，从概率论上的“大数定律”(威廉·费勒，2006)进行分析也可以得出这一结论。文化旅游产业创新系统虽然被若干种干扰因素包围着，但在其演化分歧点处所实现的选择过程，总会受一定内外部条件制约，使系统在一定时空中的分歧作用范围是有条件的、有限的，即参与演化分歧作用的众多因素在质与量以及作用程度、作用范围等方面是相对确定的，它们相互协作与竞争产生的结果也是相对确定的。也就是说，具有现实可能性的各种可供文化旅游产业创新系统选择的演化方式、方向和速度等总是有限的、可数的，并呈现出一定的规律性(杨春宇 等，2009c)。

4.3.2 文化旅游产业创新系统演化过程的不确定性

人类文化与自然物质形态的最大区别在于开放性与不确定性，正是上述特性决定了人类文化发展在其结构和功能上不会停止在某一界限上，而是不断地扩展、更新、升华自身。这里面暗含两个前提：一是文化基于开放性、不确定性表现出动态的演化过程；二是文化在其发展演化过程中还显示出许多重复性、常规性的特征，即规律。

贝塔朗菲系统论揭示了系统与环境不断进行物质和能量交换，这种物质和能量交换的系统就是具有开放性和兼容性的系统。人类文化及其系统演化形态也是如此，它必须开启与外界联系的大门，不断得到文化领域内外各种信息的反馈，才能在与外界的相互作用中进行自我调节和变化，从而实现有序发展。文化的开放性和兼容性对人类文化的演进至关重要，它是文化得以发展的动力来源(周薇，2006)。在未出现文化事物之前，世界上只有自然物质，其凭因果决定性法则自发地变化发展。一种自然事物可以产生出另一种自然事物，其中潜藏着自然物质的发展规律。例如，物理运动规律、化学运动规律、生物运动规律，都是自然物质运动变化的规律。文化事物是自然物质跃迁的产物，没有这个跃迁的环节，文化事物不可能发展；不经过这个跃迁，自然物质依旧是自然物质而不会成为文化事物。自然物质向文化的跃迁，实质上就是自然物质的“人化”。文化属于人的组成部分，自然物质转变为文化，实际就是变成人的组成部分(韩民青，2011)。

文化旅游资源既不是纯粹的自然物，也不是从天而降的“神物”，而是人们对自然进行改造的产物。在改造过程中，文化旅游产业创新系统所有构成要素的作用力基于其系统功能耦合网所形成的综合耦合力在创新系统演化分歧点相互作用，促使文化旅游产业创新系统或是主动，或是被动地选择进入一种新的稳定状态。这个新的稳定状态对文化旅游产业创新系统失稳后可能达到的稳定状态来说，往往不是唯一的。

当然，对于文化旅游产业创新系统演化分歧点进行选择的过程而言，往往存在若干种可能的演化途径与演化形式，其演化的复杂性及演化路径的多样性也由此产生。因为在文化旅游产业创新系统演进过程中，时间因素、政策因素、随机因素发挥着重要作用，如某种技术变革或需求变动可能促使原本没有关联的产业系统产生联系和互动，从而改变产业发展的路径与方式。例如，发端于迪士尼主题乐园的旅游演艺节目就是文化产业与旅游产业创新融合形成的新产品、新模式；此外，随着我国文化体制改革深化，民营资本进军演出市场解缚、旅游市场进入文化生态产业开发层次等环境因素的改善，中国旅游演艺业异军突起。旅游演艺已经发展成为当代中国文化一道自然人文新景观，成为旅游业、演艺业可持续发展的强劲助力(李中和孟繁强，2015)。这种情形类似中国古代道家的演化思想。老子说：“道生一，一生二，二生三，三生万物。”这里，“道生一”指事物的发展规律取决于一种客观事物；“一生二”指一个发展的事物必须是内部一分为二的，存在着非线性的相互作用；“二生三”指一个有内部矛盾的非线性系统总是与一定的外部因素发生纠葛；而“三生万物”则表明，在内部有非线性的相干作用，而外部又有适当因素变化的情况下，系统就会分岔，产生新事物，而万物的形成、发展、演化都是如此(杨春宇 等，2009a)。

文化旅游产业创新系统演化中确定性与不确定性是你中有我、我中有你，相互交织在一起。确定性表征的是文化旅游产业创新系统演化过程必定要经过“盈—消—虚—息”这几个阶段，以及由此形成的周期轮回；不确定性则表征的是在干扰因素的影响下，文化旅游产业创新系统演化的几个必经阶段所出现及持续的时间各不相同，演化曲线呈现出迥然相异的形态。这也就不难解释从演化曲线上人们很难找出两个演化过程完全相同的文化旅游产业创新系统。既然如此，我们应该把研究视角转向探寻文化旅游产业创新系统的演化机制，寻找其演化过程中的本质共性与规律。

第 5 章　文化旅游产业创新系统演化规律

文化旅游产业创新的出现并非平稳连续，而是时疏时密，存在着很大的非线性与随机性。也就是说，文化旅游产业演化过程从宏观上看是具有连续性的，从微观上看又是具有阶段性的。这里有两个前提：①从系统演化长周期来看，文化旅游产业增长是通过其周期性波动来实现的，即创新使产业结构从旧的均衡状态过渡到新的均衡状态，产业发展经历高涨和衰退的各阶段，产业结构与功能发生变化，产业经济总量有所扩张，构成了所谓的产业经济增长，进而形成文化旅游创新系统的演化循环或者是演化周期；②从系统演化短周期来看，基于文化旅游产业创新系统开放性、不确定性的特点，创新系统演化过程受内外环境众多干扰因素的影响，呈现出短时间的动态振荡性。

5.1　文化旅游产业创新系统演化过程的振荡性

5.1.1　文化旅游产业创新系统的振荡现象

影响文化旅游产业创新系统演化的因素纷繁复杂，难以穷尽。根据影响因素的性质、来源、作用机制等可将其划分为：系统内、外影响因素；文化旅游产品供给影响因素与文化旅游产品需求影响因素；主影响因素和综合影响因素；随机性影响因素和周期性影响因素；自然影响因素与社会影响因素等。这些影响因素的划分在文化旅游产业创新系统时空演化过程中也是相对的、动态变化的。为了研究的统一性与分析的简便性，本书把文化旅游产业创新系统的影响因素分为周期性影响因素与随机性影响因素。

1. 周期性影响因素

1）经济短周期波动引起的文化旅游产业创新系统不规则周期振荡

经济短周期波动是影响文化旅游产业创新系统周期振荡最主要的因素之一，

其中包括国内生产总值(gross domestic product，GDP)、汇率、通货膨胀、贸易等在内的经济因素，它们会引起文化旅游产业创新系统演化经历不规则的周期性扩张和收缩。特别是随着全球经济一体化的形成，文化旅游产业较强的开放性与产业关联性使其更容易受跨地区、跨国之间经济周期波动的影响。

雷云云(2017)提出文化旅游产业集群演化发展不仅受国际、国内宏观经济因素和区域微观层面的经济影响，而且其周期性风险是一种突发的且无法人为控制的风险，此种风险可能存在于文化旅游产业集群生命周期的任一阶段。2008 年金融危机以来，我国经济增长速度放缓，雷云云(2017)以山西省文化旅游产业集群为例，验证文化旅游产业集群演化发展周期性风险同国家整体经济的发展情况具有密切关联。

张邱汉琴(1999)以 1980～1993 年日本、美国、英国、加拿大、法国及德国等来港(中国香港)客源地为实例，探讨了汇率因素对来港旅客数量的影响程度，并指出汇率对各客源地来港旅客的数量有显著影响。罗富民(2007)通过对日本来华旅游的案例进行研究，证实汇率与旅游需求负相关，经测算，人民币每升值 1%，日本对中国的旅游需求将减少 0.449%。人民币升值在一定程度上减少了日本对我国的入境旅游需求(图 5-1、图 5-2)。

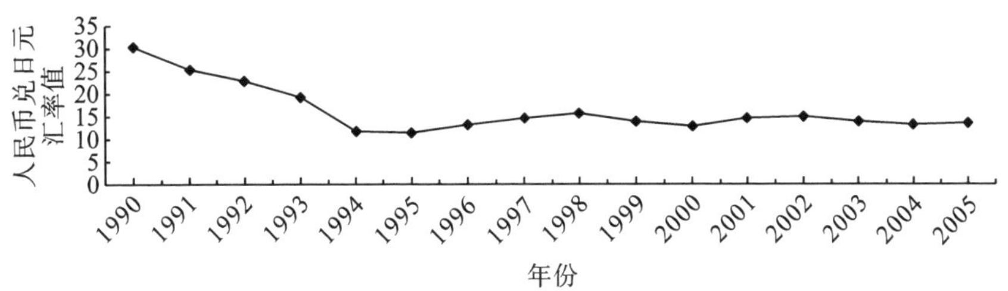

图 5-1　1990～2005 年中日货币汇率浮动图

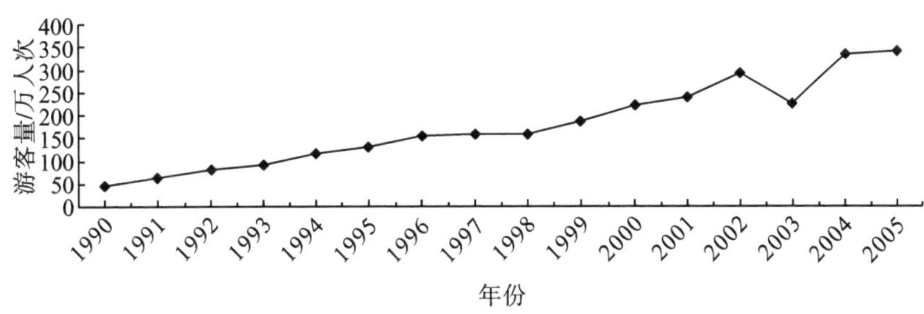

图 5-2　1990～2005 年中国的日本游客量

匡林(2000)认为旅游业作为一个经济产业，波动是其发展过程中的常态。大多数旅游需求尤其是商务旅游需求，是一种明显的经济导向型需求，经济繁荣时这种旅游需求也“水涨船高”，需求的周期性最终也会引起旅游业的周期性。旅游业具有较强的产业关联度，相关产业出现周期波动也会周期性地影响旅游市场，使旅游业呈周期性波动之势。旅游业具有开放性，各国旅游市场你中有我、我中有你，从而使旅游业的周期波动具有地域传递性，出现跨区域甚至跨国传递。匡林(2000)根据波动状态的幅度、高度、深度、平均位势、扩展长度五个方面对世界及中国旅游业的周期性波动进行了分析，指出按照谷-谷法划分，对1979～1998年中国旅游业的周期进行分析后提出其波动幅度由高幅型下跌转变为中幅型下跌，波动高度由高峰型转向中峰型，波动深度则是古典型波动与增长型波动并存，波动平均位势呈下移倾向的高位型(表5-1)。

表5-1 中国国际旅游接待人次增长率周期波动

周期序号	年份	接待人次增长率/%	周期序号	年份	接待人次增长率/%
1	1979	32.36	3	1990	12.1
	1980	35.65		1991	21.4
	1981	36.20		1992	14.3
	1982	2.02		1993	8.9
2	1983	19.60		1994	5.2
	1984	35.60	4	1995	6.2
	1985	38.71		1996	10.2
	1986	27.96		1997	12.6
	1987	17.89		1998	10.22
	1988	17.80		—	—
	1989	−22.70		—	—

孙根年(2001)利用1978～1999年西安的入境游客量与旅游收入两个指标构建趋势线方程，发现入境游客量及旅游收入增长率的变化存在3个时间尺度的波动周期，以6～7年的朱格拉周期最为典型。之后，王彩虹等(2004)以1979～2002年中国的入境游客量及旅游收入为依据，分析了中国旅游业的波动周期，认为1979～2001年中国入境游客量增长经历了5个小周期(1979～1982年、1983～1989年、1990～1994年、1995～1998年、1999～2001年)，之后处于第6个小周期中。

张宏梅和陆林(2004)采用环比法和前向移动平均法对中国入境游客量的年度资料(1978～2002年)、月度资料(1989～2002年)进行周期波动的时间序列分析。分析结果表明，入境游客量增长呈不规则周期性波动。年度资料可分为3个周期，前两个周期振幅较大，周期长度相对较短，后一个周期振幅相对较小，周期长度较长。月度资料可划为1个周期，该周期属前峰型周期，收缩期相对较长。造成巨大波动的因素往往是一些影响范围广、程度深的大事件，在周期曲线中表现为峰顶和谷底，影响较小的事件往往引起周期内的小幅波动。

从上述研究可以得知，经济周期不规则波动特性(经济波动的一个重要特征是它们不表现出任何简单规则或确定的周期)传导并引起文化旅游产业不规则周期振荡是客观存在且无法避免的，其中价格、通胀率和汇率等因素与旅游业周期波动的关联度较大。

2) 文化旅游消费倾向与模式的周期变化

文化旅游消费倾向与模式的周期变化是影响文化旅游产业创新系统周期循环波动的主要因素之一。Christiansen(1995)通过研究文化历史发现，美国文化娱乐业起步的黄金时期(1905～1930 年)以商业休闲为主，如市区的公园、游乐园、棒球体育场及大型影剧院等；第二次世界大战以后这类娱乐场所逐步减少，由郊区的主题公园取而代之；此后，节庆市场又位居城市复兴之中的领军地位。这些流行的旅游方式无不与当时人们的旅游消费意识、倾向息息相关。从世界范围考察，旅游者对文化旅游资源的重复消费率是很低的，一般表现为强烈的“厌旧喜新”。“厌旧”过程即是旅游业的收缩过程，而“喜新”过程是文化旅游产业的扩张过程(陈友龙 等，2005)。

旅游地的气候特征通常受潜在旅游者的高度重视，旅游者在做出旅游决策时，对旅游地的气候及气候变化是非常敏感的(Hu and Ritchie，1993；Lise and Tol，2002；Hamilton et al.，2005)。气候变化将影响旅游地的景观及其对游客的吸引力。特别是近年来全球气候变暖导致旅游者寻求较高纬度和较高海拔，即气候凉爽的旅游地。胡惠林(2013)探讨了文化经济学的一般规律，提出文化生产与消费选择之间具有内在的联系——气候学意义上的文化生产与消费的“症候学”。他提出旅游消费的时间与季节相关，而季节又与气候运动相关，从而旅游消费的时间与气候产生了关联性，由此将时间与人们的文化生产与消费选择建立起联系。例如，夏天人们需要避暑，于是爽爽的贵阳便成为不少旅游消费者的选择；冬天人们需要避寒，于是温暖舒适的海南成为大众的首选之地；与此相反，贵阳的冬天与海南的夏天则是二者一年当中的旅游淡季，季节周期的变化导致上述两个旅游目的地产生明显的淡季和旺季。

2. 随机性影响因素

随机性影响因素是指对文化旅游产业创新系统演化过程产生非周期性、随机性干扰影响，从而使文化旅游需求呈现出非周期振荡现象的因素。这类因素包括特殊产业发展政策实施、突发事件、重大事件和大型节事等，它们对文化旅游需求与供给具有极强的作用，使文化旅游产业创新系统在短期内产生强烈的振荡。

1)特殊产业发展政策实施引起的非周期性演化振荡

从总体趋势上看，经济社会发展推进政策模式转变，并向更高层次发展过渡。最初的单项政策在结束一个小周期循环后再进入另一个周期循环；其间政策目标、政策主体和政策内容都保持连续性、稳定性和渐进性特征。政策生命时长受多种因素影响，包括社会发展阶段、政治决策周期、政府领导人更换等。复杂政策生命周期从横向上包含若干子政策生命周期的运行和发展；从纵向上又表现出由中央到地方政策的层级差异性特征。

中国文化旅游产业是在计划经济逐步开放的过程中发展起来的，因而不可避免地存在政策机制的影响和某种程度上的行业垄断(江凌，2003)。例如，中共十八届三中全会审议通过的《中共中央关于全面深化改革若干重大问题的决定》要求，提高文化产业规模化、集约化、专业化水平，这为我国文化产业集聚化发展指明了方向。改革开放以来，中国文化旅游产业政策为我国文化旅游产业发展营造了良好的政策环境，并且每一份重要文件的出台，都对我国文化旅游产业发展产生了极大的促进作用(表5-2)。

表5-2 改革开放以来部分文化旅游产业方针政策

年份	方针政策	涉及内容
1985	《〈关于建立第三产业统计的报告〉的通知》	把文化艺术作为第三产业的组成部分列入国民生产统计的项目中，确认了文化艺术可能具有的“产业”性质
1991	《文化部关于文化事业若干经济政策意见的报告》	正式提出了“文化经济”的概念
1992	《中共中央、国务院关于加快发展第三产业的决定》	明确启用了“文化产业”的说法
2000	《中共中央关于制定国民经济和社会发展第十个五年计划的建议》	“文化产业”和“文化产业政策”的概念在中央正式文件中首次出现
2000	《国务院关于支持文化事业发展若干经济政策的通知》	制定出有利于我国文化产业发展的财政、税收和金融的系列政策
2003	《文化部关于支持和促进文化产业发展的若干意见》	提出大力发展文化产业，明确了文化旅游业是文化产业的一部分
2004	《关于鼓励、支持和引导非公有制经济发展文化产业的意见》	从经济上明确对文化产业发展进行大力扶持
2009	《文化部、国家旅游局关于促进文化与旅游结合发展的指导意见》	提出打造活动品牌，推出高品质演艺产品，进行品牌化经营，举办项目推荐洽谈会，加强市场推广，积极培育人才，规范经营秩序等内容
2009	《文化部关于加快文化产业发展的指导意见》	提出促进文化与旅游相结合，建立《文化旅游节庆活动扶持名录》和《国家文化旅游重点项目名录》。鼓励将演艺与旅游资源整合，在知名旅游景区打造高品质、有特色的演艺精品

续表

年份	方针政策	涉及内容
2009	《文化产业振兴规划》	明确提出扩大文化消费，标志着发展文化产业已经上升到国家战略层面
2009	《关于加快发展旅游业的意见》	大力推进旅游与文化等相关产业的融合发展。提出要发挥文化资源优势，开展多种形式的文体旅游活动
2011	《中共中央关于深化文化体制改革 推动社会主义文化大发展大繁荣若干重大问题的决定》	提出推动文化产业与旅游等产业融合发展。积极发展文化旅游，促进非物质文化遗产保护传承与旅游相结合，发挥旅游对文化消费的促进作用
2011	《国家旅游局关于进一步加快发展旅游业促进社会主义文化大发展大繁荣的指导意见》	提出支持文化旅游活动品牌、推出一批非物质文化遗产旅游精品、提升一批旅游演艺精品、制作旅游工艺品五项具体措施
2012	《国家“十二五”时期文化改革发展规划纲要》	加快发展文化产业，积极发展文化旅游，积极扩大文化消费等
2012	《“十二五”时期文化产业倍增计划》	编制文化旅游发展规划，打造特色产业集聚区、国际知名旅游演艺及系列品牌活动，深度开发文化旅游工艺品
2014	《国务院关于促进旅游业改革发展的若干意见》	创新文化旅游产品。在文化旅游产品开发中，反对低俗、庸俗、媚俗内容，抵制封建迷信，严厉打击黄赌毒
2016	《国家发展改革委关于加快美丽特色小(城)镇建设的指导意见》	努力打造一批新兴产业集聚、传统产业升级、体制机制灵活、人文气息浓厚、生态环境优美的美丽特色小(城)镇
2018	《完善促进消费体制机制实施方案(2018—2020年)》	在文化服务领域开展行政审批标准化试点。推进经营性文化事业单位转企改制、公益性文化事业单位改革和国有文化企业公司制股份制改革。制定实施深化电影院线制改革方案，推动“互联网+电影”业务创新，完善规范电影票网络销售及服务相关政策，促进点播影院业务规范发展拓展数字影音、动漫游戏、网络文学等数字文化内容
2020	《文化和旅游部关于推动数字文化产业高质量发展的意见》	突出“创新”在产业发展中的核心地位，推动内容、技术、模式、业态和场景的全方位创新，强调激发市场主体的创新活力。提出培育数字文化产业新型业态从促进优秀文化资源数字化、培育云演艺业态、丰富云展览业态、发展沉浸式业态、提升数字文化装备实力等方面，明确新型业态培育的主要措施和重点领域，引导业界对新兴领域开拓创新，让创新潜力充分涌流，形成更多新增长点、增长极
2021	《“十四五”文化和旅游发展规划》	规划提出到 2025 年，文化产业体系和市场体系更加健全，文化产业结构布局不断优化，文化供给质量明显提升，文化消费更加活跃，文化产业规模持续壮大，文化及相关产业增加值占国内生产总值比重进一步提高，文化产业发展的综合效益显著提升，对国民经济增长的支撑和带动作用得到充分发挥
2022	《文化和旅游部、自然资源部、住房和城乡建设部关于开展国家文化产业和旅游产业融合发展示范区建设工作的通知》	深入贯彻党的二十大精神，坚持以文塑旅、以旅彰文，推进文化和旅游深度融合发展，完善文化和旅游融合发展体制机制。十四五期间，建设 30 个左右文化禀赋和旅游资源丰富、产业链深度融合和协同互补、发展机制健全的国家示范区，更好发挥文化产业和旅游产业优势，促进新型文化和旅游业态蓬勃发展

随着上述政策的出台，全国各地文化旅游业发展如火如荼，不同省(区、市)随即出台相关实施细则，如湖北省大力整合省内旅游资源，打造“鄂西生态文化旅游圈”，并出台了《鄂西生态文化旅游圈发展总体规划(2009—2020)》；四川在“5·12”汶川地震后为复苏旅游业，把文化旅游作为其发展方向；2010 年、2011 年湖南省和云南省相继设立了文化旅游产业发展基金。2013 年大型文化旅游产业集团扩张步伐加快，华侨城集团、万达集团、金典集团、横店集团(本书以横店影视城快速发展为例进行说明，图 5-3、图 5-4)、宋城集团、灵山集团运营文化旅游项目在全国紧锣密鼓进行布局。为支持文化旅游产业发展，各地相继出台了相关文件。2016 年云南出台《云南省旅游文化产业发展规划（2016—2020）》，大力支持文化旅游产业的发展；2016 年新疆出台《自治区文化产业发展转向规划（2016—2020 年）》，提出逐步构建结构合理、科技含量高、富有创意、竞争力强的现代文化产业体系；2020 年安徽出台《中共安徽省委关于制定国民经济和社会发展第十四个五年规划和二〇三五年远景目标的建议》，提出繁荣发展文化事业和文化产业，加快建设彰显徽风皖韵和时代特征的创新性文化强省；2021 年北京出台《北京市国民经济和社会发展第十四个五年规划和二〇三五年远景目标纲要》，提出加快构建充满活力的现代文化产业体系和文化市场体系，建设具有国际竞争力的创新创意城市。

另外，针对我国旅游演艺市场的快速发展，《营业性演出管理条例实施细则》大幅调整了演出市场准入政策，取消了演出单位主体资格的所有制限制，全面对内资开放，符合规定的单位或个人均可依法投资兴办演出单位，举办演出活动。所有制和行业壁垒的破除吸引了大量社会资本、民营资本涌入旅游演艺市场，旅游演艺业获得了充足的资金支持(王伟年，2009)。由此，我国旅游演艺市场呈现出爆发式增长态势，旅游演艺产品每年新增数量自 2004 年以来迅猛发展，旅游演艺票房收入自 2014 年以来稳步提升(图 5-5 和图 5-6)。

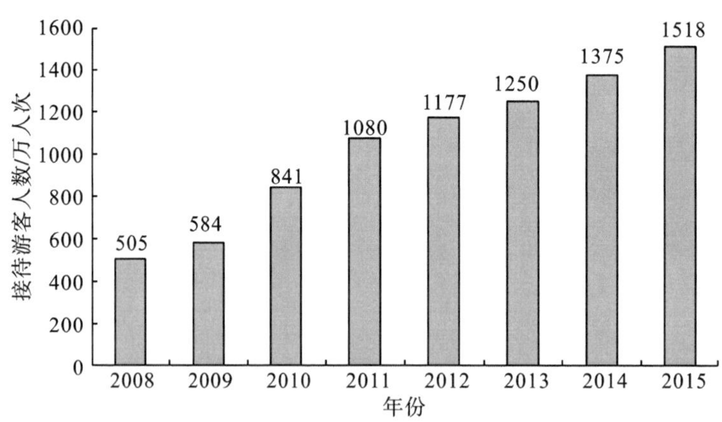

图 5-3　2008～2015 年横店影视城接待游客人数

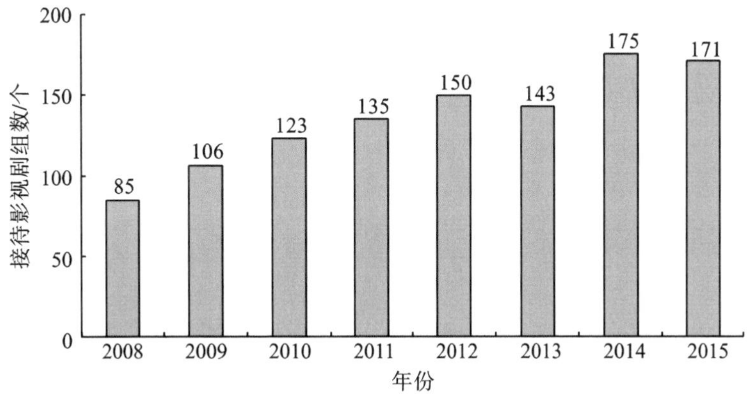

图 5-4 2008～2015 年横店影视城接待影视剧组数

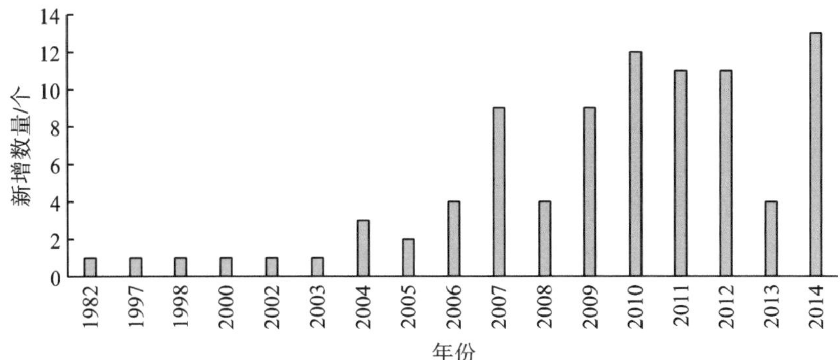

图 5-5 1982～2014 年每年新增旅游演艺产品数量统计

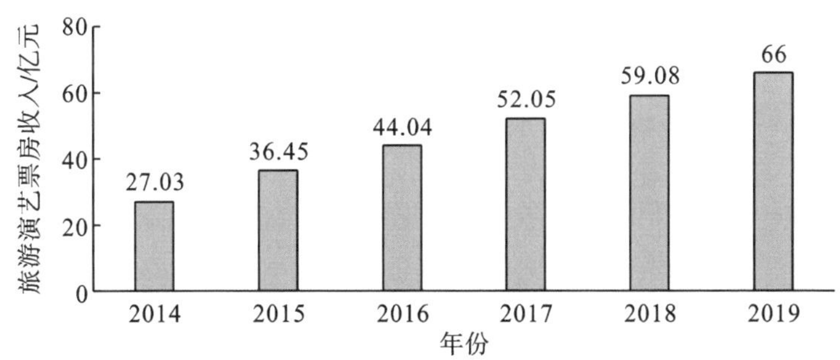

图 5-6 2014～2019 年中国旅游演艺票房收入

红色旅游是在革命遗址旅游基础上兴起的专项旅游活动(表 5-3、图 5-7、图 5-8)。在党中央和国务院部署了一系列重大举措之后，这一特殊的旅游产品在中华大地处处开花、处处结果。1999 年，江西省将“红色”与旅游相结合，首倡“红色旅游”概念。2001 年，江西省正式提出“红色摇篮，绿色家园”口号。中国共产党诞生地嘉兴、革命摇篮井冈山、革命圣地延安等成为旅游热点，逐渐形成自己的品牌。

表 5-3 中国红色旅游发展阶段及其政策

	2000～2003 年	2004～2010 年	2011～2015 年	2016 年及以后
政策支持	1999 年江西首次提出“红色旅游”概念，引起学者们的广泛关注	①2004 年 12 月中共中央办公厅、国务院办公厅印发《2004—2010 年全国红色旅游发展规划纲要》 ②2008 年国家发展和改革委员会、中共中央宣传部、财政部、国家旅游局等 14 个部门制定并下发《关于进一步促进红色旅游健康持续发展的意见》	①2011 年 3 月中共中央办公厅、国务院办公厅印发《2011—2015 年全国红色旅游发展规划纲要》 ②2014 年 8 月国务院印发《关于促进旅游业改革发展的若干意见》，提出大力发展红色旅游	①2016 年 12 月中央办公厅、国务院办公厅印发《2016—2020 年全国红色旅游发展规划纲要》 ②2018 年 7 月中共中央办公厅、国务院办公厅印发《关于实施革命文物保护利用工程(2018—2022 年)的意见》 ③2021 年 2 月国务院印发《关于新时代支持革命老区振兴发展的意见》
	萌芽阶段	起步阶段	发展阶段	持续发展阶段
发展水平	江西最早把“红色”与旅游结合在一起	2004 年起，中央号召发展红色旅游；2004 年红色旅游景区仅接待 1.4 亿人次	实施 6 年来，全国红色旅游共接待 13.5 亿人次；2010 年红色旅游年综合收入达到 1302 亿元	2019 年红色旅游接待游客增加到 14.1 亿人次，年综合收入达到 4000 亿元

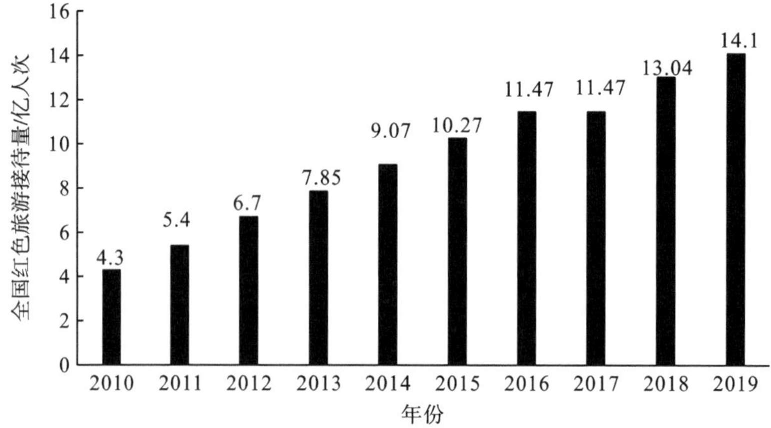

图 5-7 2010～2019 年全国红色旅游接待量

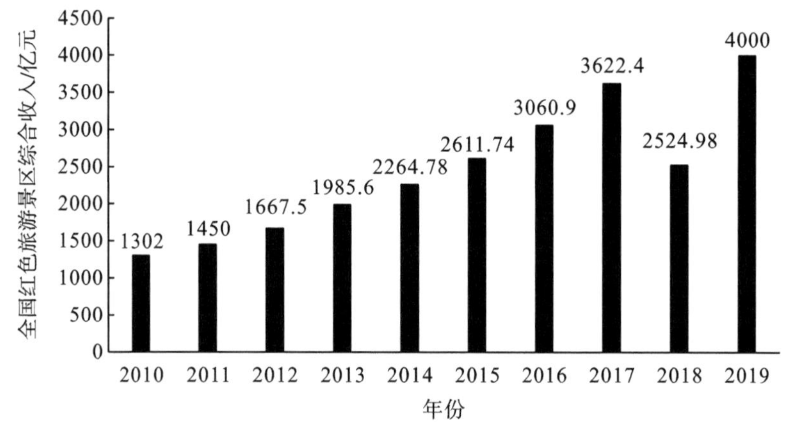

图 5-8 2010～2019 年全国红色旅游景区综合收入

2)突发事件、重大事件引起的非周期性演化振荡

表 5-4 是 1991～2015 年发生的对世界旅游业影响较大的突发、重大事件，其中包括 1991 年海湾战争、1997～1998 年亚洲金融危机、1999 年科索沃战争、2001 年发生在美国的“9·11”恐怖事件及由此引发的美国对阿富汗的军事打击、中国四川省“5·12”汶川地震等突发、重大事件，以及中国西部大开发、中国加入世界贸易组织等重大经济事件(李景宜，2003；叶娅丽 等，2009)。

表 5-4 突发事件、重大事件对我国文化旅游产业影响的对比分析

事件	发生时间	事件性质	事件影响程度
海湾战争	1991 年	武装冲突	我国入境游客量 1991 年仅增长 18.88%，1992 年增长 24.51%
亚洲金融危机	1997～1998 年	经济事件	我国入境游客量 1997 年仅增长 4.4%，1998 年增长 5.48%
科索沃战争	1999 年	武装冲突	我国入境游客量 1998 年仅增长 5.48%，1999 年大幅增长 7.9%
西部大开发战略提出	1999 年	经济事件	1999～2008 年西部地区入境游客量增长了 1.25 倍，达到 984 万人次(年均增长 14%)；同期，旅游外汇收入增长了 1.76 倍，达到 37.56 亿美元(年均增长 19%)。2002～2008 年西部地区旅游总收入增长了 2.19 倍，达到 5279 亿元(年均增长 24.5%)，高于同期 12 省(区、市)GDP 增长率。部分省(区、市)的旅游总收入相当于 GDP 的比例超过或接近 10%。旅游业已经成为西部各省(区、市)的支柱产业或先导产业
中国加入世界贸易组织	2001 年	经济事件	2002 年中国公民出境旅游人数为 1660 万人次，2011 年出境旅游人数达 7025 万人次，中国成为亚洲第一大出境旅游客源国和世界上发展最快的出境旅游市场。2001 年我国入境游客量为 9790 万人次，2011 年达 13542 万人次，10 年来入境游客量增长 38.3%
“9·11”事件	2001 年	恐怖袭击	我国入境游客量 2001 年仅增长 6.7%，2002 年大幅增长 10.96%
严重急性呼吸综合征(severe acute respiratory syndrome coronavirus，SARS)事件	2003 年	公共卫生	我国入境游客量 2003 年下降 6.37%，旅游外汇收入下降 14.6%
“5·12”汶川地震	2008 年	自然灾害	据不完全统计，“5·12”汶川地震导致四川、甘肃、陕西等省 2 处世界文化遗产、145 处全国重点文物保护单位、285 处省级文物保护单位和千余处市县级文物保护单位及大量的文物保护点不同程度损坏。这次地震给四川旅游带来的损失远远超过 SARS 和东南亚海啸。“5·12”汶川地震发生后，国家旅游局迅速发布公告，暂停国内一切前往震区的旅行组团业务
“伊斯兰国”侵占并毁坏哈特拉等古城	2015 年	武装冲突	我国赴中东旅游人数骤降
新冠疫情暴发	2020 年	公共卫生	我国入境游客量 2020 年下降约 80%

上述部分事件发生时，我国旅游业处于不同的发展时期，所受影响程度也不相同。图 5-9 和图 5-10 分别是我国 1978～2007 年入境游客量与 1988～2006 年旅游外汇收入。

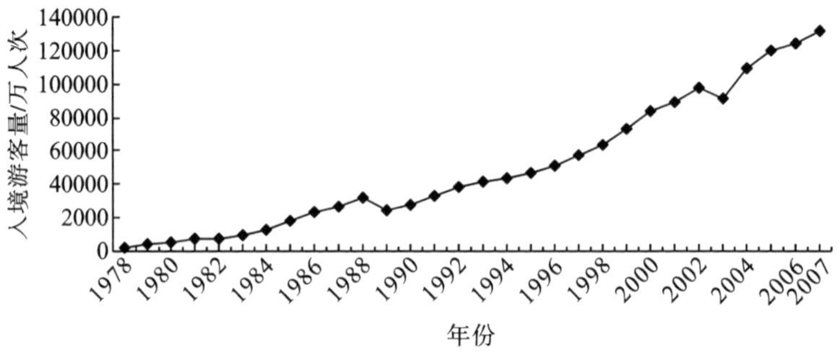

图 5-9 中国 1978～2007 年入境游客量

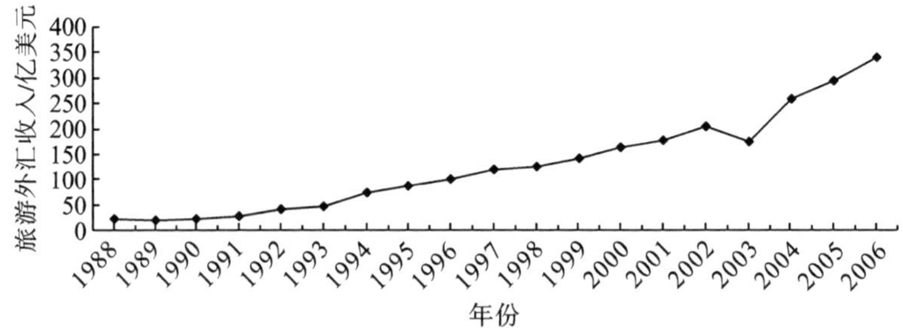

图 5-10 中国 1988～2006 年旅游外汇收入

3）大型节事等非规律性影响因素

业界人士与众多学者普遍认为文化节事活动能够提升游客的重游率和旅游消费（Getz，1997；Roche，2000；Lee and Back，2005）。Ritchie 和 Smith（1991）以冬季奥运会为例，对节事活动的影响进行了研究，发现大型活动对旅游地的知名度与印象会产生深远影响（虽然冬季奥运会、夏季奥运会、足球世界杯、欧洲冠军联赛等大型赛事是固定周期举办，但举办地是变化的）。Whitson 和 Macintosh（1996）认为大型活动在短期内会为举办地的建筑业和旅游业带来爆发式的增长。2008 年北京奥运会涉及数十亿美元的基础设施建设，并伴随着广泛的公共教育和培训活动，对巩固民族团结、增强民族凝聚力发挥了巨大作用。Manzereiter（2010）指出，北京奥运会吸引了成千上万的外国人到中国，给中国一个机会，向世界人民展示中国的科技水平、环保意识、集体主义和体育实力。高军（2013）构建了旅游统计数据异常值识别方法——趋势线置信区间辨别法和邻值差异辨别法，依据北京 1978～2012 年入境旅游人数年度统计数据分析发现，2008 年北京奥运会的举办使北京 2007 年的入境旅游人数显著增多(约 20 万人)。这表明类似的大型节事活动具有显著的“事前旅游效应”。

2008 年全球金融危机爆发之后，南非于 2010 年举办了足球世界杯这一大型赛事，很多经济学家担心经济衰退可能使世界杯给南非带来的经济收益缩水，南非将深陷金融危机的漩涡。不少西方媒体对 2010 年南非世界杯收益的预估相当谨慎，英国《经济学家》报道，知名会计师事务所 Grant 也曾就世界杯对南非的影响提出了消极报告。然而，2010 年南非世界杯成功举办给南非带来了巨大收益，为南非摆脱全球金融危机做出了巨大的贡献，这恰恰说明体育文化对经济发展有着惊人的影响力。南非政府筹备世界杯共投入 200 多亿兰特，却收获了高达 380 亿兰特的利润，这为发展乏力的南非经济打了一剂强心针。同年 6 月，国际足联宣布 2010 南非世界杯是最赚钱的一届世界杯，国际足联从特许商品销售以及赞助商处赚了 38 亿美元。

据统计，2010 年南非世界杯使南非仅在旅游业方面，2010 年入境游客人数增至近 1000 万人，同比增长 3.6%，入境游客消费额达到 79.4 亿兰特，约合 10.9 亿美元，同比增长 7%。Grant 的报告显示，南非世界杯令人吃惊地推动南非经济额外增长 0.5%(王曦，2014)。借助世界杯的成功举办，南非的旅游业大幅度提升了其在国际市场的影响力和地位，并成为南非第三大外汇收入来源和重要经济支柱，其产值占国内生产总值的 8%，就业人数达到 120 万人。

另一个世界知名的大型节事活动——慕尼黑啤酒节，原名“十月节”，起源于 1810 年 10 月 12 日，是慕尼黑一个传统的民间节日。因节日期间主要的饮料是啤酒，故习惯称其为啤酒节。慕尼黑啤酒节每年 9 月末到 10 月初在德国慕尼黑举行，持续两周，是慕尼黑一年中最盛大的活动。它与英国伦敦啤酒节、美国丹佛啤酒节并称为世界最具盛名的三大啤酒节。据官方统计数据，慕尼黑啤酒节大约可提供 10 万人就座，平均每年接待游客达 640 万人次，约有 12000 人参加啤酒节的服务工作，平均每年售出大约 600 万升啤酒及 50 万只烤鸡(图 5-11)，啤酒节上的啤酒价格呈现出逐年增长趋势，平均增长率为 3.1%，至 2011 年，啤酒价格为平均每扎 8.95 欧元。慕尼黑啤酒节期间，当地酒店客房几乎全部需要预订，价格也上涨到平时的 5～6 倍(魏爱苗，2012)。

中国青岛国际啤酒节已历经 30 余年，在带动青岛地区生产总值及其旅游业增长方面做出了卓越贡献。宗刚和赵晓东(2013)根据官方统计数据研究得出 2012 年青岛啤酒节使崂山区地区生产总值提高 2.9 个百分点，使全市地区生产总值提高 0.6 个百分点。1991～2010 年，青岛地区生产总值与国内游客量都呈现明显的上升趋势，并且 2003 年以来增速明显加快，根据相关系数函数计算结果显示，二者的相关系数为 0.9958，有明显的正相关性。因此，增加游客数量能明显带动青岛地区生产总值的增长(图 5-12)。

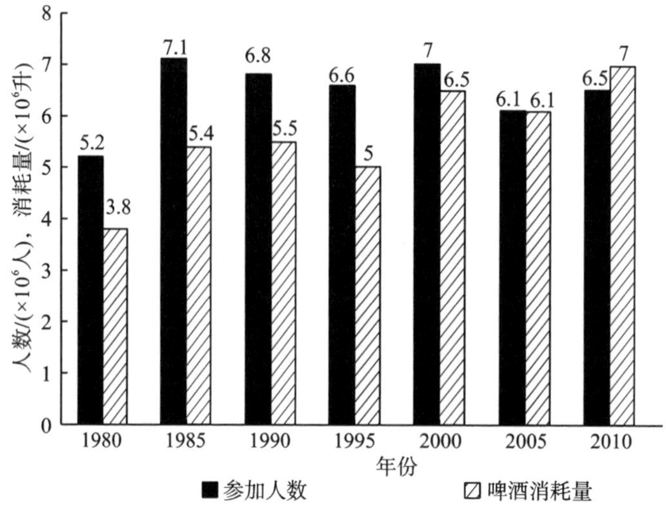

图 5-11 慕尼黑啤酒节参加人数与啤酒消耗量的对比分析

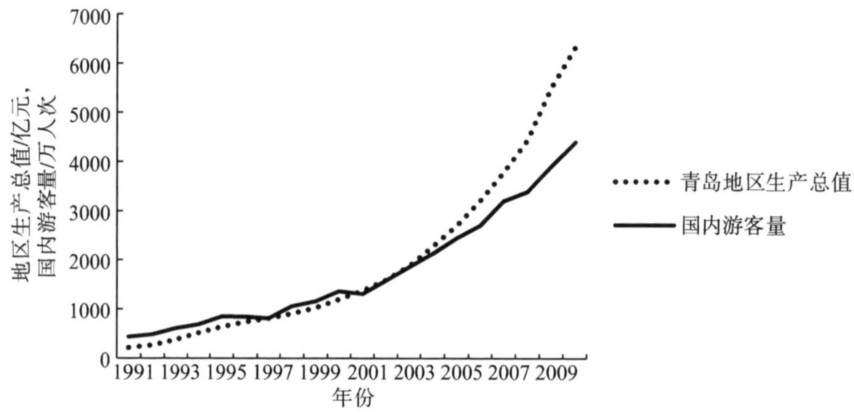

图 5-12 1991～2010 年青岛地区生产总值与国内游客量的关系

5.1.2 文化旅游产业创新系统振荡分析

对文化旅游产业创新系统而言，其演化发展过程具有比较明显的振荡性，原因纷繁复杂、难以穷尽。除了文化旅游活动和文化旅游地适游条件本身存在季节性波动、旅游客源地经济发展情况和文化旅游地社会环境变化等因素之外，还有如文化旅游需求热点变化、转移等因素。文化旅游地之间存在互补，更存在竞争等。文化旅游产业创新系统在各种因素的综合影响下时时都处于内外不确定性干扰的包围之中。一旦文化旅游产业创新系统在外界条件突变或内部耦合要素间力量对比发生改变，系统原有平衡受冲击后必然呈现出不规则的振荡现象，这在一定程度上也说明了文化旅游产业创新系统的演化过程不是既定的，而是取决于系统内部诸要素之间以及与外界环境的相互联系和相互作用的具体情况。

与此同时，文化旅游产业创新系统演化过程中的这种振荡效应在系统演化固有惯性作用①下不但冲破了创新系统原有平衡，而且在新的平衡点不会停下来稳定发展，而是朝着之前的演化方向惯性发展后逐渐远离平衡位置。文化旅游产业创新系统在系统演化驱动力作用下离开了原有平衡位置，但在系统耦合功能网的作用下，必然受创新系统自身内稳机制形成的类似于弹性力的作用，这种力把它拉回系统平衡位置(如果该弹性力消失，则说明文化旅游产业创新系统已经在演化过程中进入了新的平衡状态或者系统已经崩溃)。系统演化离其平衡点越远，相应的回弹力也就越大，以至于超越平衡点的文化旅游产业创新系统不能继续前进并返回平衡点，而且越来越快，当它达到平衡点时又因惯性再一次越过了平衡点，不过这一次和上一次的超越方向相反，因此文化旅游产业创新系统不是振荡一次就能回归系统平衡，而是反复经历多次，逐渐回归平衡的一个演化过程，并且呈现出衰减振荡的特性。文化旅游产业创新系统则在“稳定—振荡—新的稳定”这一过程中一级一级地实现自我演化，或是从低级到高级，从简单到复杂，或是衰退、衰亡。

事实上，文化旅游产业创新系统的振荡演化过程要比上述讨论的情况复杂得多。如前所述，创新系统在同一时空演化状态下受多种因素的综合影响，其振荡过程既不是简单的正弦振荡，也不是余弦振荡，而是复杂的振荡合成。所谓的规律不过是消除了这些噪声后创新系统演化发展的主要趋势。然而，文化旅游产业创新系统振荡演化过程中需要对两个问题进行深入探讨，其中一个是文化旅游产业创新系统振荡演化的内涵，另一个则是系统振荡演化与系统稳定性之间的关系。

1. 文化旅游产业创新系统振荡演化内涵

文化旅游产业创新系统作为一个整体，它的振荡演化过程具有时空属性，是创新系统在时间与空间上的动态运动过程与质性变化过程，这与物理学中的波的振动②是有区别的。文化旅游产业创新系统的振荡演化是创新系统整体在不同的时间处于不同位置的动态演化过程，是创新系统基本演化趋势本身的不规则波动，创新系统均衡本身也在波动中不断动态调整、变化，其演化过程是不可重复的。随着时空振荡演化，文化旅游产业创新系统自身的性质也在不断变化，或是发展，或是衰退。因此不能把文化旅游产业创新系统振荡视为对其

① 文化旅游产业创新系统的惯性作用来自系统演化过程中的累积效应与时滞现象。

② 物理学中波的振动研究可以选择任意重复出现的两点来定义波动的周期，并且不会对波动的性质产生任何影响，其均衡状态是唯一不变的，振动波仅是不同质点围绕该均衡的振荡偏离过程，根据设定的条件则可以发生有规则的波动。

长期演化趋势的暂时偏离，二者实则是统一的。与此同时，无数个连续不断的创新系统动态演化均衡点构成了文化旅游产业创新系统演化轨迹。

2. 文化旅游产业创新系统演化的振荡性与稳定性

文化旅游产业创新系统演化的振荡性与稳定性是相对稳定而言的，二者作为创新系统演化的不同状态并不是截然对立、互不联系的，而是处在相互依存、相互渗透、相互转化、相互交替、相互联结的对立统一过程中(张一平，2001)。

首先，文化旅游产业创新系统演化的振荡性与稳定性是相互依存的。文化旅游产业创新系统演化的振荡性是相对稳定性而言的，没有创新系统的稳定性，也就没有振荡性。创新系统稳定性也是相对振荡性而言的，没有振荡性，也就没有稳定性。事实上，处于绝对平衡、稳定的文化旅游产业创新系统是不存在的，其固有的开放特性受外部环境的扰动总是不可避免，因此对文化旅游产业创新系统演化过程而言，或多或少、或大或小地会产生一些振荡。与此同时，只有振荡状态，而没有稳定状态的文化旅游产业创新系统也是不存在的。如果创新系统总是振荡，与外部环境总是不协调，那么文化旅游产业创新系统或是难以形成，或是崩溃。文化旅游产业创新系统演化过程在其内稳机制及反馈调节的作用下呈现出从稳定到振荡，再从振荡到稳定相互交替的过程。

其次，文化旅游产业创新系统演化的振荡性与稳定性是相互渗透的。创新系统演化振荡性中包含稳定性，稳定性中也包含振荡性。由于稳定性都是相对的，都是动态、不平衡的稳定，所以稳定性中都包含振荡性因素。文化旅游产业创新系统在稳定状态下虽然质的规定性得到充分表现，但并不是没有任何质变过程，微小的质变始终存在，这就是振荡性的前奏。振荡性只是部分地改变了创新系统质的规定性，并没有使其完全丧失稳定性。对振荡性之后创新系统出现新的稳定性和功能而言，由于是在振荡性中获得的，所以振荡性就为文化旅游产业创新系统的新稳定性提供了前提条件。因此，稳定性和振荡性相互渗透并作用于对方，并不能把两者截然分离开来，创新系统稳定演化过程中潜伏着振荡的因素，而在振荡演化之中也存在稳定的条件。

最后，文化旅游产业创新系统演化的振荡性与稳定性是相互转化的。在一定条件下，文化旅游产业创新系统的振荡演化状态可以转化为稳定演化状态，反之亦然。尤其对具有开放特性的文化旅游产业创新系统而言，其演化过程中的关联因素很多，每一个因素发生变化都可能影响文化旅游产业创新系统的演化状态，使得创新系统在演化过程中总是面临多重选择，而最终的选择具有很大的随机性。所以，看似稳定的条件可能引起文化旅游产业创新系统振荡演化，看似振荡的条件也可能使文化旅游产业创新系统稳定演化，这正是文化旅游产业创新系统演化发展具有复杂性的表现。因此，不能绝对地讲某一个因素会导致创新系统演化稳定发展，或某一个因素会导致创新系统演化发生振荡，两种可能性都存在，所以稳定性与振荡性是能够相互转化的。

综上所述，文化旅游产业创新系统在其演化过程中，既有稳定状态，也有振荡状态。稳定状态反映了文化旅游产业创新系统的统一性，振荡状态反映了文化旅游产业创新系统的多样性。文化旅游产业创新系统的统一性和多样性是相互联结、相互融合、相互转化的，这就是文化旅游产业创新系统复杂多样和非线性的演化过程。

5.2　文化旅游产业创新系统演化过程的周期性

所谓文化旅游产业创新系统演化的周期性，就是文化旅游产业创新系统演化过程受周期性影响因素反复作用，从而呈现出规律的周期性现象。根据周期性影响因素的作用机制与出现频率，可以将其相应地划分为规律性与非规律性周期影响因素。

5.2.1　文化旅游产业创新系统的周期现象

研究表明，文化旅游产业创新系统产生、发展的周期性演化与产业周期、技术发展等因素存在对应关系。

1. 产业周期演化影响因素

相关研究表明，产业结构的演进将推动文化旅游产业演进，且相互之间存在着对应关系。例如，在工业化前期，文化产业还没有单独形成一个产业，仅仅是创意活动。随着工业化的起步，形成了以电影业、广告宣传业、报纸业以及体育比赛为主的文化产业雏形，而到了工业化的中后期，上述产业与旅游产业的融合得到长足发展；随着工业化的完成，文化旅游产业越来越成熟，在国民经济中占有越来越重要的地位。文化旅游产业的产生、发展与工业化的演进呈现同步性，经历了从低级到高级的发展过程(表 5-5)(姜琳 等，2013)。

表 5-5　美国工业化演进与创意产业发展

	1776～1860 年	1861～1920 年	1921～1950 年	1951～1970 年	1970 年后
工业化进程	工业化前期	工业化早期	工业化中期	工业化完成时期	后工业化时期

续表

	1776～1860年	1861～1920年	1921～1950年	1951～1970年	1970年后
产业结构特点	农业经济为主	轻纺业为主	重化工业为主，高加工	高加工度化	服务经济
非农业产业产值比例/%	60.0左右	66.0～69.2	69.2～81.1	81.1～97.0	97.0～98.8
主导产业	农业	纺织业	钢铁、煤炭、石油、矿等工业	汽车、电器、建筑、钢铁、化学等工业	航空、原子能、合成材料和计算机
创意产业演进过程	单个的创意	广告宣传业开始出现	消费型创意产业出现，如电影业出现，广告宣传业迅猛发展	信息产业诞生，旅游产业崛起	形成单独的、完整的版权产业
创意产业演进的原因	政策推动，熟练工人存在	工业化进程加快，产品大量生产，政策推动	技术支持，产品大量生产	技术发展，人民收入提高，社会安定	技术发展推动创意产业发展，收入和闲暇的增加提升了对产品的需求

文化产业是随着现代科技的产生而产生的，并随着科技的发展而发展。然而，影响文化旅游产业创新系统演化的因素不仅是科技发展，如前所述，影响其演化发展的因素不仅有系统内外之分，也有大小之分，还有演化方向之分，它们影响系统演化的效果各异。但不管如何，上述各种因素综合作用于文化旅游产业创新系统，导致其呈现出周期性演化规律，这正如世界上任何事物的发展历程都呈现出一种生命周期演化形态——历经产生、成长、成熟和衰退几个必经阶段。文化旅游产业创新系统也是如此。胡惠林(2006)在《文化产业学》一书中也提出了文化产业增长周期的重要概念和理论假说。

案例研究：主题型文化旅游区的阶段性演进及其驱动机制——以无锡灵山景区为例[①]

灵山景区位于无锡太湖之滨的马山国家级旅游度假区内，景区占地2000多亩(1亩≈666.67m^2)，自1994年开始投资建设，先后建成灵山大佛(1997年)、九龙灌浴(2003年)和灵山梵宫(2008年)三期工程，现已成为国家5A级景区和中国知名旅游品牌。灵山是依托佛教文化发展文化旅游的成功案例，是中国具有代表性的主题型文化旅游区，其发展历程和成功经验具有很强的示范意义。黄震方等(2011)基于灵山景区1998～2009年逐月游客统计数据、景区经营数据与财务报表以及部分实地旅游调查数据，尝试研究灵山旅游区的成长过程、演化特征及其动力机制，以期对文化型旅游地发展提供借鉴。该研究综合运用季节调整方法

① 案例转引自黄震方等(2011)，内容有删减。

和多峰拟合方法，分析了无锡灵山景区 1998～2009 年游客变化的阶段性及波动特征。

结果显示：①灵山景区游客演变具有明显的阶段性，其演进过程经过初步开发期、提升发展期后处在成熟发展期；②主题型文化旅游区的阶段性演化是其生命周期的重要组成部分，在大尺度上表现为趋势的分段，而在小尺度上表现为波动结构变化；③文化资源、市场需求、旅游投资和产品升级等因素是主题型文化旅游区阶段性演变的重要动力因素。进而基于旅游地生命周期理论构建了主题型文化旅游区发展演化的理论模型，将主题型文化旅游区的生命周期分为探索起步期、充实发展期、快速发展期、平稳发展期和后续发展期(衰亡或复兴)5 个阶段(表 5-6)。旅游区演化受多种要素的影响，各动力因素的相互作用及阶段性转换构成了主题型文化旅游区演化的动力，并导致旅游区阶段性演化和波动性成长。通过不断强化文化特色，增强文化驱动力，培育文化旅游区发展的整体动力，形成多元驱动的旅游区成长机制，可促进主题型文化旅游区的可持续发展。

表 5-6　灵山景区的演化

演化阶段	文化旅游开发	景区演化特征
探索起步期(1994～2002 年)	围绕佛教文化，建设灵山一期工程，打造具有震撼力的旅游景观，建成灵山大佛和祥符禅寺，成为佛教文化旅游新胜地	灵山一期工程建成后，旅游吸引物和旅游基础设施形成规模，开展大量促销活动，产生开园游客激增效应，游客量和景区效益迅速上升，但由于产品相对单一和市场新奇度降低，1999 年后逐步回落
充实发展期(2003～2007 年)	提升佛教文化品位，丰富文化旅游产品，建设灵山二期工程，建成九龙灌浴、菩提大道、佛足坛等文化旅游景观，增强了景区文化旅游吸引力	灵山二期工程建成后，景区文化品位和旅游吸引力得以提升，游客量和收益逐年明显增长，但表现出快速波动的特征，灵山从早期的景观吸引型景区向文化型旅游区升级和转换
快速发展期(2008 年—)	提升景区文化艺术品位，拓展旅游功能，建设灵山三期工程，建成灵山梵宫、五印坛城等景观，成为世界佛教论坛会址，增强景区品牌魅力	灵山三期工程建成后，进一步凸显了文化旅游优势，有效提升了景区品牌影响力，游客量和旅游收入呈现强劲的增长态势
平稳发展期和后续发展期	以“太湖山水禅、心灵休闲湾”为核心理念，推动景区转型发展，建设国际禅修中心、生态文明社区和当代佛教丛林等	景区转型发展，可能持续平稳增长，继而可能逐步进入衰退或复兴期

基于上述思路和对灵山景区发展演化过程与特征的分析，作者认为主题型文化旅游区主要依托文化核心资源及其开发利用与传播推广而形成旅游吸引力。由于旅游地的开发和发展受多种因素的影响，其旅游吸引力表现出明显的波动性和阶段性特征，因而随着旅游地开发程度及其影响因素不同，尤其是随着文化旅游资源的深度开发与产品升级，主题型文化旅游区对旅游者的吸引力将表现出明显的阶段性变化。基于此，构建如图 5-13 所示的主题型文化旅游区生命周期演化

理论模型。主题型文化旅游区演化的生命周期可分为探索起步期、充实发展期、快速发展期、平稳发展期和后续发展期(衰亡或复兴)，其中探索起步期和充实发展期对应旅游文化产品开发期，而快速发展期、平稳发展期以及后续发展期则分别对应旅游文化产品的发展期、成熟期与衰亡期或复兴期。各期的演变结构及其特征分述如下。

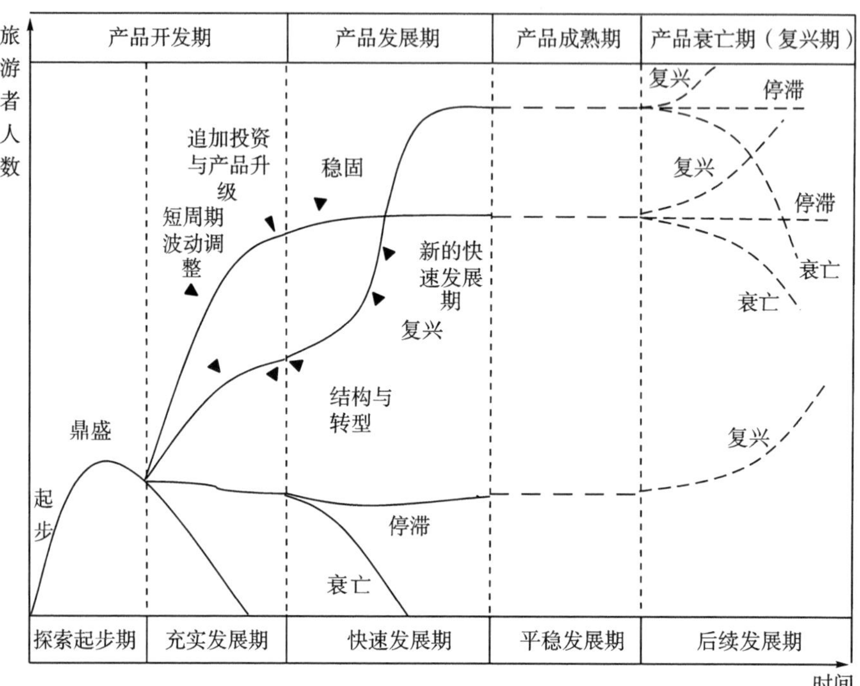

图 5-13　主题型文化旅游区生命周期演化理论模型

(1)探索起步期：旅游区发展的初期阶段，旅游区利用旅游文化资源，改善和增加旅游设施，进行广告宣传活动，旅游者数量大幅度增长，但往往在达到顶点后迅速下降。一般而言，该过程持续时间取决于主要旅游吸引物的类型和品质，及其文化的受众规模和宣传促销强度等因素。

(2)充实发展期：为遏制旅游下滑趋势，增强旅游吸引力，通过深入挖掘旅游文化内涵，追加旅游投资，充实旅游项目、推动产品升级或拓展旅游功能，促进旅游区获得新的增长。在此过程中，旅游吸引力特性及结构的变化可能在较小尺度的游客变化上表现出一系列的波动性。

(3)快速发展期：经过充实发展期的文化旅游区，旅游产品更加丰富，文化特色逐步彰显，景区品牌效应更加突出，旅游市场影响力日益增强，旅游设施基本完备，旅游接待量和旅游效益迅速增长，旅游区进入快速发展阶段。

(4) 平稳发展期：旅游区经过快速发展期后，游客量和旅游效益趋于平稳，增长幅度相对减小或小幅变化，旅游产品、经营模式相对成熟，广告宣传成为扩大市场范围和延长旅游季节的重要手段，旅游与社区居民关系更加密切，旅游区进入较为平稳的发展阶段。

(5) 后续发展期(衰亡或复兴)：一方面，游客量达到顶点或受容量限制，旅游产品和旅游设施老化，旅游吸引力和竞争力下降，游客日益减少，旅游投资撤出，旅游功能衰退，旅游区最终进入衰亡期；另一方面，通过开发新的文化旅游资源、扩展旅游区空间或实施旅游区转型与新一轮产品升级，可重新启动旅游市场，促进旅游区进入复兴阶段。

在上述理论模型中，从整个旅游区演化全过程看，其在长尺度上表现为游客趋势的阶段性变化，而在小尺度上则同时包含波动结构的调整与变动。因此，对实际旅游区游客序列进行解析，可能揭示出旅游区不同阶段的演化特征。

2. 技术创新与演进影响因素

第一次科技革命导致了工业革命，使工业成为美国国民经济的支柱，这时的创意还没有形成单独的产业，更多地表现为单个工艺的改进、某项发明创造的出现。这些创意提高了行业的生产效率，促使生产出更多的产品。第二次科技革命是以电气和化学为先导，大量工业技术的运用导致各种产品产量大幅度增长，企业为了推广这些过剩产品，进行了广告宣传，推动了广告宣传业的产生；第一次世界大战时期发明的无线电技术开始转为民用，无线电收音机应运而生，收音机的问世促进了内容产业的发展；电影业的产生是由于电力新技术在日常生活中的运用；而第三次科技革命的产生也催生了新的创意产业。1946 年第一台计算机发明以来以及随后的半导体、集成电路等技术则催生了信息产业。所以说，产业结构的演进过程与创意产业的演进由科技进步推动。在工业化时期，信息产业出现，电影业、广告宣传业、旅游产业得到发展。随着工业化的完成，产业结构呈现出服务化占主导的局面，创意产业在此时期得到大力发展，行业越来越完善，在国民经济中占有越来越重要的地位。

随着经济与社会的快速进步、信息技术和科技手段的迅速发展和不断完善，文化与旅游产业相互融合、互动发展催生出了诸多新兴业态，其中旅游演艺就是文化旅游产业创新系统的重要产品形式。旅游演艺作为文旅“联姻”的新生儿，它不再局限于有限的舞台空间和传统的布景演出，而是采用多媒体技术和实景与高科技手段相结合的方式，为演出打造出美轮美奂的场景和生动逼真的舞台效果。这不仅为旅游者带来了视听享受，而且丰富和完善了旅游的内容和形式，创新了演艺的形式。

案例研究：旅游演艺行业的发展[①]

旅游演艺一开始是以旅游附加产品的形式出现的，在一些旅游景区和城市，许多旅游者只能“白天观光、晚上睡觉”，夜里无处可玩、无处可看，为了弥补这一缺憾，从旅游市场出发，打造一系列的旅游演艺节目，“娱”在旅游中的作用日渐突出。随着旅游业的发展，旅游演艺成为一个独立的旅游吸引项目，完全可以“独当一面”。

从发展沿革来看，我国旅游演艺行业从20世纪80年代开始萌芽，经历了近40年的发展，从接待需求下“一台戏”逐步成长为一个具有较强竞争力的新兴产业。纵观其发展，我国旅游演艺行业主要经历了3个发展阶段。

(一)萌芽阶段(1982～1999年)

我国旅游演艺行业起源于20世纪80年代。1982年9月，因外事接待、政府接待的需要，陕西省歌舞剧院古典艺术团在西安推出了体现大唐风情的《仿唐乐舞》。从1987年起，《仿唐乐舞》在唐乐宫定期上演，促成了旅游与演艺的有机结合。同时，该艺术团先后出访了40多个国家和地区，为数以百计的国家首脑和政府要员表演了《仿唐乐舞》。

但是，真正从商业角度为了提高旅游景区吸引力而诞生的旅游演艺节目还是华侨城的《中华百艺盛会》和《欧洲之夜》。1995年，为了扭转景区旅游访问量逐步下降的不利局面，华侨城旗下的中国民俗文化村推出了大型广场演艺节目《中华百艺盛会》，在景区的中心广场进行歌舞杂技表演与彩车队列大游行。

同年，为了迎接圣诞和元旦，华侨城旗下的世界之窗推出了广场歌舞表演《欧洲之夜》。1997年3月，杭州宋城景区为了提升自身的吸引力推出大型演艺节目《宋城千古情》。《宋城千古情》围绕杭州的历史典故、神话传说，将演出节目与旅游景区文化有机结合，融合了歌舞、杂技艺术，应用现代高科技手段营造出如梦如幻的艺术氛围，取得了良好的效果。

这一时期，旅游演艺节目大部分依附于景区，其主要目的在于丰富旅游景区的文化欣赏内涵，提高客流和人气。比如《中华百艺盛会》的推出，在一定时期内扭转了中华民俗文化村客流持续下滑的局面。同时，由于这一时期旅游演艺节目的依附性，其门票一般包含在景区门票中，或仅象征性收费，尚未成为旅游景区独立的收入来源。

(二)成长阶段(2000～2004年)

2000～2004年，由于旅游业与演艺业的良好互动，全国各地尤其是旅游景区在旅游演艺节目方面开始了许多新的探索和尝试，旅游演艺的重要性也日益显现。

在表现方式上，部分景区创造性地将天然山水实景与景区民族文化内涵紧密

① 案例引自李中和孟繁强(2015)。

结合，以庞大的演出阵容，综合音乐、歌舞、杂技多种表演形式，形成了当地独一无二的旅游演出节目，《印象·刘三姐》就是其中的优秀节目。《印象·刘三姐》以桂林漓江优美的山水为舞台，融入了当地经典山歌、少数民族独特风情等一系列创新元素，成为桂林旅游的新名片。

在创作上，张艺谋、杨丽萍等名人加盟也有效提升了旅游演艺节目的质量。例如，杨丽萍结合云南民族风情打造的大型原生态歌舞集《云南映像》，在创作初期虽历经坎坷，但公演后凭借良好的演出质量也取得了较大成功，不仅成为云南旅游的一道风景线，还凭借室内演出不受演出地局限的优势在国内外巡回演出，获取了良好的经济效益。

这一时期，旅游演艺节目在表现方式和演出质量上都有了很大提高，对外的影响力和竞争力不断增强，开始与旅游景区相互促进，形成共赢发展局面。以《印象·刘三姐》为代表的旅游演艺节目甚至还成为当地旅游景区的重要构成，不再仅仅是当地旅游景区的附庸。

(三)扩展阶段(2005 年至今)

2005 年以后，随着《印象·刘三姐》等演艺节目的经济效益和社会效益日益显现，全国各地的旅游演艺节目如雨后春笋般涌现。同时，演艺节目对景区周边的经济带动作用不断增强，与景区互利共赢的程度不断加深，“一台戏”逐渐演变成“一个产业”。

一方面，政府出于塑造地方旅游新名片、带动当地经济发展和促进就业等目的，在资金、土地、政策等方面对旅游演艺节目提供诸多支持；另一方面，无论是国有企业还是民营企业，在看到其蕴含的巨大经济利益后，纷纷涌入旅游演艺行业。一时之间，张艺谋的印象系列以及梅帅元的《禅宗少林音乐大典》《中华泰山封禅大典》等实景山水演出开始风生水起。杨丽萍继《云南映象》之后也推出了《香巴拉映像》《藏谜》等演艺节目。同时，全国各地其他旅游景区或重点城市也纷纷结合地方特色，推出了《ERA——时空之旅》《夜泊秦淮》《四季周庄》《盛世佛韵》等各种旅游演艺节目。旅游演艺节目的数量如井喷般增长。

这一时期中，旅游演艺节目的独立影响力日益突出，有的游客甚至因旅游演艺节目慕名而来。2009 年，观看《印象·刘三姐》的人数首次超过了游览漓江的人数，进一步印证了该节目突出的影响力和号召力。同时，旅游演艺节目主要采取单独售票计价的方式，成本收益得以独立核算。

5.2.2　文化旅游产业创新系统周期性演化内涵

如前所述，当新开发的某一类型文创产品获得游客青睐时，也就意味着一个文化旅游产业创新系统已经形成并处于发展初期；之后，随着市场需求的增加，增加的消费需求形成更大的市场吸纳力，更大的吸纳力又产生了更多新的市场消费力，这就向社会及商业投资发出了强烈的信号。此时，该产品在促进文化旅游产业创新系统演化发展的同时，资金和人才也会迅速积累。文化旅游产业系统自身也在加大创新投入，文化旅游创新产品不断增加，形成文化旅游产业经济扩张并带动文化旅游创新产品不断增加的良性机制，从而促使文化旅游产业创新系统迅速发展。在系统正反馈循环的不断放大作用下，包括政策、资金、人才、资源等一系列文化旅游产业创新要素的作用促使文创产品及其创新系统不断增长，此时的文化旅游产业创新系统进入快速发展时期并走向成熟。与此同时，竞争门槛降低导致大量的同质产品涌入市场，文创产品老化导致创新系统在现代社会消费快速迭代的残酷竞争面前逐渐失去竞争力，满足社会消费主义倾向的非原真性再造、文化遗产地的“去生活化”景象、传统乡村仪式从民俗到商业景观的变迁、旅游地神圣仪式的娱乐化等负面累积效应(负反馈)将导致文化旅游创新系统失去自我更新的能力与核心竞争力，从而为文化旅游产业创新系统的衰落埋下伏笔。对文化旅游产业创新系统周期性演化的分析可以发现，Butler(1980)理论模型(图 5-14)中的“S”形演化曲线深刻、清晰地描述了文化旅游产业创新系统演化机制的本质及规律。

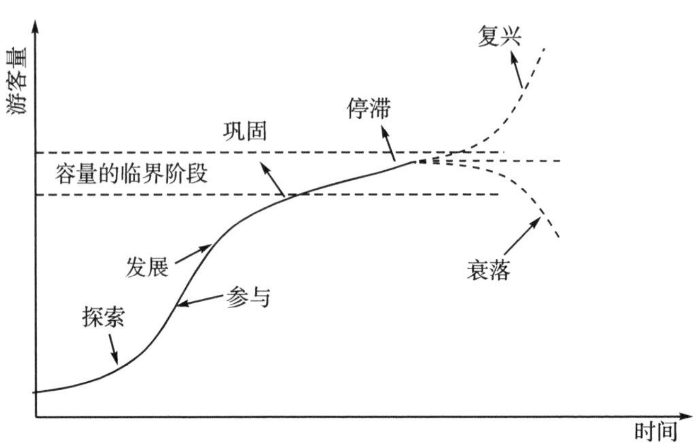

图 5-14 巴特勒(Butler)旅游产品生命周期曲线

通过上述分析可以发现，文化旅游产业创新系统在周期演化过程中包含以下两个方面的含义(谢晓丹，2015)：首先，文化旅游产业创新系统周期演化规律是文化旅游产业创新系统演化过程中必然出现的、确定性的，不依赖我们的意志，但可以被我们认识和利用的客观事实，任何事物都改变不了“S”形发展过程，这也是系统结构和功能演化发展的内在要求和客观规律。一旦刚问世的新的文化旅游产品有游客消费，事实上该创新系统已经产生了供求关系，二者的因果关系及形成的反馈循环耦合在一起，形成了具有新结构和功能的系统——文化旅游产业创新系统，而它的发展演化过程必定遵循“S”形演化曲线。其次，文化旅游产业创新系统在其整个演化周期过程中，不管其演化的路径如何复杂曲折，但总是指向一个相对确定的目标，这个目标往往对应一个或几个自然极值(即文化旅游产业创新系统承载极限阈值)。这一目标阈值不是由文化旅游产业创新系统或外环境单方面决定的，更不是由其他与之无关的事物规定的，而是由文化旅游产业创新系统自身的组成、结构与功能，以及它与环境的相互作用共同决定的(陈忠，1995)。文化旅游产业创新系统只有演化到这个目标状态(终极状态)才能保持稳定或转化为其他事物(即文化旅游产业创新系统的一种演化临界态)，从而经历一个完整的演化周期。

由此，可以这样审视和理解文化旅游产业创新系统周期演化规律的内涵。它是指任一文化旅游产业创新系统都是以创新为演化驱动力，对各自产业进行耦合重组，最终集聚形成涵盖两大产业核心要素，激发出全新产品与服务模式的演化路径。该演化路径在系统内外影响要素的综合作用下，必然经历从产生到消亡并形成一条“S”形演化曲线。之后文化旅游产业创新系统面临演化分歧，或是主动，或是被动地选择衰亡或复兴的演化过程。

第6章 文化旅游产业创新系统集聚模型与实证研究

目前，国内外对文化旅游产业融合发展、空间集聚现象的研究视角各异，如前所述，就现状而言，国内文化旅游产业定量研究尚处在集聚模型与指标体系构建探讨阶段，从系统科学视角出发分析其构成、探讨其产业发展动力机制的研究成果则较少。

鉴于此，本书首先从系统科学视角切入，提出文化与旅游产业二者在融合基础上形成一个由内核与调控部分构成的创新系统；其次，在分析创新系统动力机制基础上构建文化旅游产业集聚量测模型及量测指标体系；最后，以 31 个省(区、市)为样本运用 PEF 模型进行实证研究，并从差异度、均衡度和模式选择与分类等方面对量测结果进行分析，初步探讨文化旅游产业创新系统的类型、演化路径及聚集模式。

6.1 文化旅游产业创新系统动力机制与模式

虽然运用系统科学研究文化与旅游产业融合、集聚在学界已初步达成共识，但也仅限于概念界定、系统特征分析、理论研究框架初探，相关研究成果较少(宋振春 等，2012；郭峦和杨志红，2012；Hjalager，2009；郭素婷，2008a；张春香和刘志学，2007；Mattsson et al.，2005；丁焕峰和陈烈，2002；Sundbo and Gallouj，2000；Leiper，1990)。事实上，文化旅游产业融合、集聚不是两个产业的简单叠加，而是两个产业系统构成要素在相互耦合基础上形成的一个多层次、多要素创新系统。正如 Gaines(1979)提出的：“系统就是那些我们想识别其为系统的东西”。按其观点，根据文化旅游创新系统要素结构与功能，可将其建构为内核与调控两大类型系统及八个子系统。内核系统由整个文化旅游产业系统本底要素构成，对整个文化旅游产业发展起基础性作用，主要包括资源禀赋子系统、创新主体子系统、产业实力子系统和创新能级子系统；调控系统由影响和制约文化旅游产业系统发展的外部因素构成，对整个文化旅游产业系统发展起支配和调节作用，既包含起促进作用的因素，又包含起阻碍作用的因素，主要包括政策环境子系统、成果共享子系统、市场环境子系统和对外开放子系统。

文化旅游产业创新系统构成要素的相互作用始于消费需求及由此带来的系统内外物质流、能量流、信息流交换。在此过程中，文化旅游产业创新系统构成要素形成的耦合关系以力的形式普遍存在，并在构成文化旅游产业创新系统的两两要素之间到不同子系统之间的组织层次上都有体现，而且上述耦合关系是动态演化的。当然，文化旅游产业创新系统要素间的耦合关系并不是使元素完全不变、不动，而是给它们的运动与变化赋予某种规律和秩序。

6.2　文化旅游产业创新系统集聚模型(PEF 模型)及其指标体系构建

6.2.1　文化旅游产业集聚模型(PEF 模型)构建方法

1. 矢量平行四边形法则(parallel law)

前述将文化旅游产业创新系统建构为内核系统与调控系统，其中内核系统各构成要素所具有的内核动力(F_I)取决于整个产业的本底要素，它是推动文化旅游产业发展的根本力量，具有强弱一定、方向为正的特点；调控系统则具有动态变化性，其内部各元素相互作用形成的合力——调控动力(F_R)无论是在强弱上还是方向上都具有较大变数。内核动力和调控动力共同作用形成的合力是推动整个文化旅游产业创新系统发展的动力源泉。由于这些力都具有方向和数量，所以可以运用矢量平行四边形法则对其进行求解。

2. 熵值权重法(entropy-weight method，EWM)

信息熵是表达系统无序程度的度量，如果某项指标的变异程度越大，信息熵越小，该指标提供的信息量越大，其权重也就越大；反之，某项指标的变异程度越小，信息熵越大，该指标提供的信息量越小，其权重也就越小。相对其他赋权法具有主观性而言，熵值法是一种客观赋权方法。

3. 模糊隶属度函数(fuzzy membership function)模型

为解决不同要素量纲不同而难以汇总的问题，需要对各指标进行消除量纲的运算。因本书量测指标体系中只选取正向指标，在运用模糊隶属度函数进行指标

量化处理时，采用半升梯形模糊隶属度函数模型，即

$$\phi(X_{ij})=\frac{X_{ij}-X_{in}}{X_{im}-X_{in}}=\begin{cases}1, & X_{ij}\geqslant X_{im}\\ \dfrac{X_{ij}-X_{in}}{X_{im}-X_{in}}, & X_{in}<X_{ij}<X_{im}\\ 0, & X_{ij}\leqslant X_{in}\end{cases}\tag{6.1}$$

式中，X_{im} 与 X_{in} 分别表示指标最大值与最小值；X_{ij} 表示指标实际值；$\phi(X_{ij})$ 表示评价指标隶属度值(即量化值)，其值为 0～1，且具有指标间的可比性。该值越大，表示该项指标的实际值越接近最大值；反之，则表示实际值越接近最小值。

6.2.2 集聚模型指标体系构建

本书在分析总结已有文化、旅游产业系统评价指标研究成果的基础上(韩顺法 等，2012；宋振春和李秋，2011；吴金梅和宋子千，2011；王兆峰和黄喜林，2010；吴丰林 等，2010，2011)，根据文化旅游产业创新系统内涵、结构与功能初步构建理想评价指标体系；通过两轮专家问卷对评价指标的重要性打分，并结合熵值权重法对评价指标进行筛选与修正。在此基础上构建了包含 1 个目标系统、2 个一级系统、8 个二级子系统、26 个量测指标的文化旅游产业创新系统集聚模型多层级量测指标体系(表 6-1)。

表 6-1 文化旅游产业创新系统集聚模型多层级量测指标体系

目标系统	一级系统	二级子系统	量测指标	数据来源
文化旅游产业创新系统	内核系统(I)	资源禀赋(I_1)	静态文化旅游吸引物数量(I_{11})	国家文物局、各省(区、市)文体旅游厅(局)、各省(区、市)旅游网站
			动态文化旅游吸引物数量(I_{12})	《中国节庆大全》、国家文物局、各省(区、市)文体旅游局、各省(区、市)宣传部网站
		创新主体(I_2)	区域内文化旅游从业人员拥有中级以上职称人数占比(I_{21})	搜数网、中国经济与社会发展统计数据库、《中国文化文物统计年鉴》
			区域内旅游专业院校(科研机构)数(I_{22})	中国经济与社会发展统计数据库、《中国旅游统计年鉴》
			区域内国家文化出口重点企业数(I_{23})	文旅部网站、中国文化产业网
			区域内文化旅游产业企业数(I_{24})	各省(区、市)旅游统计年鉴、各城市统计年鉴、中国经济与社会发展统计数据库
		产业实力(I_3)	区域内文化旅游产业收入占该区域地区生产总值比例(I_{31})	中国经济与社会发展统计数据库、搜数网、《中国文化文物统计年鉴》、《中国区域经济统计年鉴》
			区域内文化产业增加值(I_{32})	搜数网、《中国文化文物统计年鉴》

续表

目标系统	一级系统	二级子系统	量测指标	数据来源
			区域内文化旅游产业收入占该区域第三产业总收入比例(I_{33})	中国经济与社会发展统计数据库、搜数网、《中国文化文物统计年鉴》、《中国区域经济统计年鉴》、《中国统计年鉴》
	内核系统(I)	创新能级(I_4)	获文旅部创新奖的项目数(I_{41})	文旅部网站
			拥有国家级文化产业示范基地数(I_{42})	文旅部网站
			省级以上文化旅游类科研项目数(I_{43})	国家社会科学基金项目库、国家自然科学基金委员会科学基金网络信息系统、中国高校人文社会科学信息网
文化旅游产业创新系统	调控系统(R)	政策环境(R_1)	文化事业费占国家财政支出比例(R_{11})	搜数网、《中国文化文物统计年鉴》
			文化与旅游产业法规条例数(R_{12})	国家法律法规数据库、中国文化产业网、文旅部网站、各省(区、市)统计年鉴
			文化产业财政资金拨款额(R_{13})	各省(区、市)统计年鉴，各省(区、市)统计局、财政厅(局)、文体旅游厅(局)网站，中国经济与社会发展统计数据库网站
		成果共享(R_2)	召开文化旅游相关学术论坛(会议)次数(R_{21})	中国学术会议网、中国学术会议在线
			区域内文化旅游产业商标注册数(R_{22})	中国商标网、中国知识产权网、国家市场监督管理总局网站
		市场环境(R_3)	区域内国内旅游人数(R_{31})	《中国区域经济统计年鉴》、中国经济与社会发展统计数据库
			区域城镇化水平(R_{32})	中国经济与社会发展统计数据库，搜数网，《中国统计年鉴》，各省(区、市)公安厅(局)、民政厅(局)网站
			区域国内旅游收入(R_{33})	中国经济与社会发展统计数据库、搜数网、《中国区域经济统计年鉴》、各省(区、市)统计年鉴
			区域内居民拥有大专以上学历人数占比(R_{34})	搜数网
			区域内城镇居民家庭人均可支配收入(R_{35})	《中国统计年鉴》、中国经济与社会发展统计数据库网站
		对外开放(R_4)	接待入境旅游人数(R_{41})	搜数网、中国经济与社会发展统计数据库、《中国旅游统计年鉴(正本)》
			旅游产业外汇收入(R_{42})	中国经济与社会发展统计数据库、《中国统计年鉴》
			国家文化旅游重点项目数(R_{43})	文旅部网站
			区域内艺术表演团体出访次数(R_{44})	搜数网、中国经济与社会发展统计数据库、《中国文化文物统计年鉴》

6.2.3 集聚模型综合动力求解

根据文化旅游产业创新系统集聚模型(PEF 模型)运算方法，由指标层逐级向上，层层求解。针对内核系统，首先综合运用模糊隶属度函数模型和熵值权重法计算各指标原始数据的量化值及各指标权重，然后加权求和，求得各内核动力 F_I 及排名。

针对调控系统，同理求解其内部各指标量化值及各指标权重，然后运用矢量平行四边形法则求解二级子系统矢量作用力，进而再对各二级子系统矢量作用力进行平行四边形运算可得到调控动力 F_R。内核动力 F_I 与调控动力 F_R 经平行四边形法则可最终求得文化旅游产业创新系统的综合动力 F。

6.3 文化旅游产业创新系统集聚模型量测

6.3.1 文化旅游产业创新系统集聚模型量测结果

基于本书构建的文化旅游产业创新系统集聚模型(PEF 模型)，得出全国 31 个省(区、市)文化旅游产业创新系统综合动力、内核系统动力及调控系统动力综合分值及排名情况(表 6-2～表 6-4)。

表 6-2 各省(区、市)文化旅游产业创新系统综合动力分值及排名情况

省(区、市)	综合动力		内核系统动力		调控系统动力	
	分值	排名	分值	排名	分值	排名
北京	68.47	1	70.45	1	66.75	1
广东	59.99	2	57.67	3	61.99	2
浙江	58.36	3	56.27	4	60.15	3
江苏	55.83	4	59.10	2	54.15	4
上海	47.03	5	44.84	8	48.91	5
山东	46.24	6	49.55	5	43.42	6
四川	43.63	7	48.41	6	39.54	7
云南	42.28	8	46.14	7	38.98	9
辽宁	39.85	9	40.26	9	39.52	8
河南	37.32	10	36.44	13	38.08	10
湖南	35.21	11	38.82	10	32.12	12
湖北	34.78	12	38.74	11	31.40	14
福建	34.31	13	32.83	17	35.58	11

续表

省(区、市)	综合动力		内核系统动力		调控系统动力	
	分值	排名	分值	排名	分值	排名
安徽	32.54	14	38.05	12	27.81	18
广西	30.81	15	33.72	15	28.32	15
山西	30.51	16	33.38	16	28.05	16
天津	30.13	17	28.61	22	31.43	13
贵州	28.28	18	35.09	14	22.44	24
陕西	28.03	19	30.01	20	26.34	20
吉林	27.87	20	27.79	24	27.95	17
黑龙江	27.63	21	29.49	21	26.03	21
河北	27.55	22	30.81	19	24.76	22
重庆	27.31	23	30.90	18	24.24	23
内蒙古	25.09	24	23.47	26	26.49	19
江西	23.82	25	27.92	23	20.30	26
新疆	21.96	26	22.21	27	21.75	25
甘肃	20.61	27	24.39	25	17.37	29
海南	18.49	28	17.90	29	18.99	27
青海	17.42	29	17.68	30	17.19	30
宁夏	16.48	30	14.56	31	18.13	28
西藏	16.35	31	18.98	28	14.10	31

表 6-3　各省(区、市)文化旅游产业内核系统及其二级子系统动力分值及排名情况

省(区、市)	内核系统动力		资源禀赋子系统		创新主体子系统		产业实力子系统		创新能级子系统	
	分值	排名	分值	排名	分值	排名	分值	排名	分值	排名
北京	70.45	1	63.52	6	77.00	1	49.60	7	86.98	1
江苏	59.10	2	88.10	2	61.09	2	53.05	6	43.19	5
广东	57.67	3	57.73	9	54.90	3	48.64	9	70.49	2
浙江	56.27	4	88.64	1	48.80	5	60.45	3	40.54	6
山东	49.55	5	74.53	3	51.77	4	41.42	15	38.16	8
四川	48.41	6	61.65	7	40.46	7	53.06	5	45.62	4
云南	46.14	7	69.07	4	30.95	15	49.58	8	47.81	3
上海	44.84	8	29.03	23	42.64	6	63.23	2	39.95	7
辽宁	40.26	9	46.99	15	39.77	9	55.71	4	20.95	18
湖南	38.82	10	38.13	19	40.02	8	39.49	19	37.17	10
湖北	38.74	11	56.64	10	36.78	11	37.74	21	30.45	12
安徽	38.05	12	45.74	16	29.58	18	44.91	13	37.39	9
河南	36.44	13	49.81	14	31.84	14	47.03	10	23.05	15
贵州	35.09	14	24.25	24	21.42	23	70.34	1	25.24	13

续表

省(区、市)	内核系统动力		资源禀赋子系统		创新主体子系统		产业实力子系统		创新能级子系统	
	分值	排名	分值	排名	分值	排名	分值	排名	分值	排名
广西	33.72	15	39.55	18	25.77	21	40.52	17	33.69	11
山西	33.38	16	59.39	8	20.78	25	46.84	11	19.33	19
福建	32.83	17	54.06	11	27.36	19	36.26	22	22.53	17
重庆	30.90	18	20.88	26	35.20	12	45.81	12	16.94	24
河北	30.81	19	63.54	5	30.37	17	22.40	29	18.04	20
陕西	30.01	20	42.44	17	21.09	24	40.57	16	23.10	14
黑龙江	29.49	21	31.86	22	38.51	10	31.64	25	13.79	27
天津	28.61	22	19.62	28	32.60	13	42.25	14	15.63	25
江西	27.92	23	36.22	20	26.38	20	39.63	18	12.74	28
吉林	27.79	24	33.05	21	30.82	16	33.74	24	14.32	26
甘肃	24.39	25	50.37	13	17.69	28	23.43	28	16.97	23
内蒙古	23.47	26	50.46	12	23.37	22	24.83	26	4.25	31
新疆	22.21	27	22.00	25	20.78	26	23.99	27	22.57	16
西藏	18.98	28	20.80	27	14.99	29	34.06	23	7.97	29
海南	17.90	29	15.17	29	12.28	31	37.89	20	7.16	30
青海	17.68	30	13.55	30	18.70	27	19.84	30	16.99	22
宁夏	14.56	31	11.84	31	13.87	30	14.40	31	17.51	21

表 6-4 各省(区、市)文化旅游产业调控系统及其二级子系统分值及排名情况

省(区、市)	调控系统动力		政策环境子系统		成果共享子系统		市场环境子系统		对外开放子系统	
	分值	排名	分值	排名	分值	排名	分值	排名	分值	排名
北京	66.75	1	49.80	12	100.00	1	83.57	1	41.63	2
广东	61.99	2	68.39	2	35.78	6	57.98	5	75.37	1
浙江	60.15	3	81.47	1	61.37	2	67.53	4	34.35	3
江苏	54.15	4	65.49	4	36.51	5	71.59	3	32.65	4
上海	48.91	5	52.05	11	25.62	10	74.68	2	25.93	8
山东	43.42	6	54.59	7	48.60	4	57.23	6	15.35	13
四川	39.54	7	53.58	10	52.35	3	40.62	12	21.42	10
辽宁	39.52	8	54.23	8	15.22	18	55.74	7	20.42	11
云南	38.98	9	66.83	3	29.64	8	32.76	24	30.59	6
河南	38.08	10	38.06	22	33.84	7	44.28	9	32.48	5
福建	35.58	11	62.54	5	21.05	12	42.72	10	13.65	15
湖南	32.12	12	41.50	17	10.95	21	39.80	13	26.05	7
天津	31.43	13	41.21	18	7.73	25	51.64	8	10.52	18
湖北	31.40	14	54.74	6	20.56	15	42.25	11	5.81	25
广西	28.32	15	35.28	25	27.22	9	33.26	21	17.42	12

续表

省(区、市)	调控系统动力		政策环境子系统		成果共享子系统		市场环境子系统		对外开放子系统	
	分值	排名	分值	排名	分值	排名	分值	排名	分值	排名
山西	28.05	16	46.76	14	13.90	19	36.40	14	10.65	17
吉林	27.95	17	54.16	9	16.81	16	33.39	19	7.06	23
安徽	27.81	18	30.85	28	21.05	13	33.17	22	22.18	9
内蒙古	26.49	19	48.14	13	20.83	14	32.82	23	5.19	26
陕西	26.34	20	38.48	20	16.02	17	35.87	17	10.46	19
黑龙江	26.03	21	45.15	15	0.00	31	36.39	15	11.72	16
河北	24.76	22	36.76	23	2.67	29	34.21	18	14.97	14
重庆	24.24	23	30.89	27	22.98	11	36.22	16	4.97	27
贵州	22.44	24	39.35	19	9.08	22	28.05	25	9.46	20
新疆	21.75	25	44.19	16	12.83	20	27.05	26	2.74	29
江西	20.30	26	29.91	29	7.98	24	33.35	20	2.85	28
海南	18.99	27	38.39	21	6.93	26	25.37	27	2.45	30
宁夏	18.13	28	33.70	26	3.47	28	23.41	29	7.08	22
甘肃	17.37	29	36.61	24	8.81	23	22.23	30	1.09	31
青海	17.19	30	29.37	30	2.39	30	24.30	28	6.43	24
西藏	14.10	31	25.53	31	4.54	27	16.42	31	7.34	21

(1) 31 个省(区、市)文化旅游产业发展状况普遍偏低。北京处于领先地位，具有明显优势。其综合动力分值为 68.47 分，是唯一超过 60 分的省(区、市)。对 31 个省(区、市)分值进行聚类分析可清晰发现结果分布呈“橄榄形”，多数省(区、市)该项分值为 20～40 分。

(2) 大部分省(区、市)内核系统动力分值与调控系统动力分值排名相对一致，调控系统动力分值对整个系统综合分值影响较大。全国共有 20 多个省(区、市)内核系统动力分值与调控系统动力分值位次差距在 5 以内。这说明全国大部分省(区、市)做到了文化旅游产业内核系统与调控系统的相互协调。但仍有部分省(区、市)在这二者分值排名上表现不均衡，如安徽、贵州、重庆内核系统动力分值位次明显高于其调控系统动力分值位次，表明这些省(市)文化旅游产业本底要素具有相对优势，但推动其文化旅游产业发展的良好外部环境尚未形成，从而综合分值较低，位次较为靠后。与这三个省(市)情况相反的是福建、天津、吉林、内蒙古，其调控系统动力分值排名则明显高于其内核系统动力分值排名，这表明其内核系统薄弱，需要不断加强本底要素培育与建设才能推动其文化旅游产业可持续发展。

(3) 综合动力、内核系统动力与调控系统动力均表现出最高分与最低分之间差距较大，西部地区各项分值普遍低于东部地区。创新系统综合动力分值最高为北京(68.47 分)、最低为西藏(16.35 分)，二者相差 52.12 分；北京内核系统动力分值排名第一(70.45 分)、宁夏排名最后(14.56 分)，二者相差 55.89 分；调控系统动力分值最高的依然是北京(66.75 分)，分值最低的是西藏(14.10 分)，二者相差 52.65 分，差距非常明显。不过，综合动力分值排名前十的省(区、市)不全是位于东部的省(区、市)，亦有中部(河南)和西部(四川、云南)省(区、市)。这与它们拥有高品质的文化旅游资源和较为发达的旅游市场有紧密关系。

6.3.2 量测结果差异度与均衡度分析

1. 系统综合动力分值

从统计学视角分析区域均衡度主要是分析数据的离散程度，由此反映各变量值远离其中心值的程度。测度数值型数据的离散程度主要采用的指标有平均差、极差、标准差、极差率、差异系数等。其中，极差衡量均衡性计算简单，含义直观。因此，本书主要采用位次极差及聚类分析来测度文化旅游产业创新系统综合动力各主要构成因素发展的离散程度，即均衡度。本书所指的位次极差是指就某一省(区、市)文化旅游产业创新系统综合动力而言，在其众多的构成因素中既存在发展得很好且处于优势地位的因素，也存在发展得较差并处于劣势地位的因素，进而在这最优与最劣因素的位次之间必然存在一个位次极差值，这个极差值就表示各构成因素优劣程度的变动范围。极差值越大，表示整个省(区、市)文化旅游产业创新系统中各构成因素之间发展的优劣差距越大，均衡性越差；反之，则表示均衡性越好。

文化旅游产业创新系统综合动力分值受内核系统动力与调控系统动力分值的共同影响，对其进行差异度分析是为了衡量该项分值在我国 31 个省(区、市)的空间分布差异状况；通过度量同一区域内某一省(区、市)文化旅游产业创新系统综合动力分值各主要构成因素的位次极差状况来分析其均衡度。若各因素动力分值位次差距较小，则表明该区域均衡度较高；反之，则表示均衡度较低。

1)差异度分析

北京内核系统动力分值以 70.45 分排名第一，其余 30 个省(区、市)分值均未达到 60 分。其中，8 个分值介于 40～60 分，18 个分值介于 20～40 分，4 个分值低于 20 分，总体上呈现出由东向西分值逐渐递减的趋势。调控系统动力分值的位次情况与内核系统动力分值的位次情况大致相同，其主要区别在于：分值在 60 分以上的省(区、市)数量有所增加，达到了 3 个，分别是北京、广东、浙江；其余 28 个省(区、市)中有 3 个分值介于 40～60，20 个分值介于 20～40

分，5 个分值低于 20 分。其空间差异状况也呈现出典型的东西差异。此外，各省(区、市)综合动力分值位次情况与调控系统动力分值位次分布情况较为一致，这也从侧面印证了调控系统动力分值排名主导综合动力分值排名的推论。

2)均衡度分析

根据各省(区、市)综合系统动力分值、内核系统动力分值和调控系统动力分值的位次情况，逐一对 31 个省(区、市)位次极差进行度量，将该位次极差进行聚类，从中可发现均衡度高、较高、低、较低的省(区、市)数量分别为 11 个、12个、4个和 4 个。超过 74%的省(区、市)具有较高的均衡性，均衡度低的 4 个省(区、市)(贵州、天津、吉林、内蒙古)并不是综合分值最低的，它们只是内核系统与调控系统发展不协调。此外，综合动力分值靠后的 10 个省(区、市)中，有 8 个(西藏、宁夏、青海、海南、甘肃、新疆、江西、河北)均衡度较高，造成此现象的原因在于这些省(区、市)内核系统动力与调控系统动力分值位次均靠后，这些地区的文化旅游产业呈现出整体落后的现象。

2. 内核系统动力分值

1)差异度分析

各省(区、市)文化旅游产业创新系统的内核系统由 4 个子系统构成，从表 6-3 可知每个子系统的动力分值及位次，以其为变量进行聚类分析，结果主要呈现出以下特征。

(1)文化旅游资源禀赋空间差异相对较小。资源禀赋子系统动力分值排名前十的分别为浙江、江苏、山东、云南、河北、北京、四川、山西、广东、湖北。这十个省(区、市)中既有东部省(区、市)，也有部分中部和西部省(区、市)。这也是资源禀赋子系统动力分值空间分布的典型特征——东、中、西部省份散落于不同分数段。

(2)我国文化旅游产业创新系统的创新主体数量整体较少，且集中于个别省(区、市)，空间差异明显。创新主体子系统动力分值较高的省份大部分位于东部发达地区。31 个省(区、市)中有 23 个分值低于 40 分，占比超过了 74%，且大部分分布于我国的中部和西部。这表明我国各省(区、市)文化旅游创新主体数量整体较少，文化旅游产业创新水平低。与中部地区和西部地区相比，东部地区对创新主体具有强烈的吸引力。

(3)各省(区、市)文化旅游产业实力水平普遍偏低，空间差异不明显。本书中用于衡量产业实力的指标分别是区域内文化旅游产业收入占该区域第三产业总收入比例、区域内文化产业增加值和区域内文化旅游产业收入占该区域地区生产总值比例。这三项指标主要体现出各省(区、市)文化旅游产业在第三产业和整个国民经济中的地位。目前大部分省(区、市)分值低于 60 分，且东、中、西部省份散落于较低分数段。这说明目前各省(区、市)文化旅游产业无论是在第三产业中还是在整个国民经济中所占比例都较小，产业实力水平普遍偏低。

(4)各省(区、市)文化旅游创新能力水平较高的省(区、市)数量较少，且大多位于东部地区或旅游业发展较好的地区。各省(区、市)中创新能级子系统动力分值最高的是北京(86.98 分)，最低的是内蒙古(4.25 分)，二者相差 82.73 分，差距十分明显。即便是处于第二位的广东与北京也相差 16.49 分。由此可见，北京的创新能力水平显著领先于其他 30 个省(区、市)。此外，在西部众多省(区、市)中，四川、云南该项分值显著高于其他省(区、市)，这主要缘于这两个省旅游业发展较好，具备文化旅游创新所要求的人力和物力条件。

2)均衡度分析

根据表 6-3 中各省(区、市)内核系统动力分值、资源禀赋子系统动力分值、创新主体子系统动力分值、产业实力子系统动力分值和创新能级子系统动力分值的位次情况，逐一对 31 个省(区、市)位次极差进行度量与聚类分析，聚类结果呈现如下特征。

(1)31 个省(区、市)中均衡度高的有 3 个，仅占约 10%，大部分省(区、市)表现出较低的均衡度。这说明我国大部分省(区、市)文化旅游产业创新系统的内核系统构成要素发展不均衡，其各要素位次既包含全国排名靠前或具有领先优势的要素，也包含排名在后十位的要素。这种要素发展不均衡性极易使各省(区、市)文化旅游产业发展出现“短板”。

(2)在均衡度高的省(区、市)中，除江苏省和四川省的内核系统动力分值位次进入了全国前十名之外，其余省(区、市)位次均靠后。产生这样的现象主要缘于这些省(区、市)内核系统各个构成要素的动力分值较低，位次靠后，从而使其内核动力分值总体偏低，整体表现出欠发达状态。

3. 调控系统动力分值

1)差异度分析

各省(区、市)文化旅游创新系统的调控系统由 4 个子系统构成，从表 6-4 可知每个子系统的动力分值及位次，以其为变量进行聚类分析，聚类结果主要呈现出以下特征。

(1)各省(区、市)积极贯彻支持文化旅游产业发展的相关政策，但仍表现出地区差异性。各省(区、市)政策环境子系统动力分值高于 60 分的省份基本分布于东南沿海，西部地区整体分值较低。

(2) 各省(区、市) 成果共享子系统动力分值普遍偏低。31 个省(区、市) 中有 87%的省(区、市) 分值低于 40 分。该项分值大致呈现出由东南沿海向西北内陆梯次递减的趋势，具有一定的空间差异。

(3) 文化旅游市场环境呈现出东部地区总体上好于西部地区，空间差异明显。文化旅游市场环境的好坏受旅游者知识水平与收入水平的双重影响，这在一定程度上解释了该项子系统动力分值呈现出东高西低的原因。分值最高的 4 个省(区、市) 均位于东部地区，紧随其后的 8 个较高分值的省(区、市) 有 5 个位于东部地区，剩下的 19 个省(区、市) 多分布于中部和西部地区。该项动力分值的分布态势与我国经济发展程度的空间分布态势有极大的相似性。

(4) 31 个省(区、市) 中，对外开放子系统动力分值排名前两位的是广东和北京，分值分别为 75.37 分与 41.63 分。说明这两个省(市) 是我国对外经济与文化交流最为发达的地区，对国外游客有极强的吸引力。31 个省(区、市) 中分值低于 40 分的省份有 29 个，占比达到了约 94%，整体情况较差。分值低于 10 分的省(区、市) 也有 12 个，最低分甘肃省为 1.09 分，与最高分相差 74.28 分，差距显著。

2) 均衡度分析

根据前述均衡度分析方法，结合表 6-4 中各省(区、市) 调控系统动力分值、政策环境子系统动力分值、成果共享子系统动力分值、市场环境子系统动力分值和对外开放子系统动力分值的位次情况。本书逐一对 31 个省(区、市) 的位次极差进行度量与聚类分析，聚类结果呈现如下特征：①均衡度高、较高、较低、低的省(区、市) 数量分别是 3 个、11 个、10 个、7 个，超过 50%的省(区、市) 处于均衡度较低及以下水平；②调控系统动力分值排名分别为第三和第四的浙江与江苏均衡度极佳，说明这两个省调控系统的各子系统及其构成要素发展均衡，且处于较高水平。相反，北京和云南则表现出较差的均衡性，云南既有分值排名全国前三的子系统，又有分值排名十分靠后的子系统。

6.4　文化旅游产业创新系统类型、演化路径及聚集模式

前述运用 PEF 模型计算得出全国 31 个省(区、市) 文化旅游产业创新系统综合动力、内核系统动力与调控系统动力分值，结合对综合动力分类模式的分析可知，全国 31 个省(区、市) 文化旅游产业创新系统均处于稳步发展阶段(即综合动

力 F 介于内核系统动力 F_{I} 与调控系统动力 F_{R} 之间)。这主要是因为近年来文化旅游快速兴起与发展，国家将其视为国民经济的重要组成部分并制定相应政策给予扶植。尽管如此，各省(区、市)文化旅游发展类型与集聚模式选择仍有差异。

6.4.1 文化旅游产业创新系统类型、演化路径

1. 文化旅游产业创新系统类型划分

如前所述，文化旅游产业创新系统综合动力主要由内核系统动力和调控系统动力组成。因此，可以根据这两个维度将各省(区、市)以散点形式投放在一个坐标平面内。其中 X 轴表示内核系统动力分值；Y 轴表示调控动力分值。分别以内核系统动力分值与调控系统动力分值的坐标轴均值作为文化旅游类型分类临界值，将上述 XY 坐标平面分割为一个四分图，每个分格即代表一种文化旅游发展类型。每种类型包含的省份数量及对应的省份如图 6-1 所示。

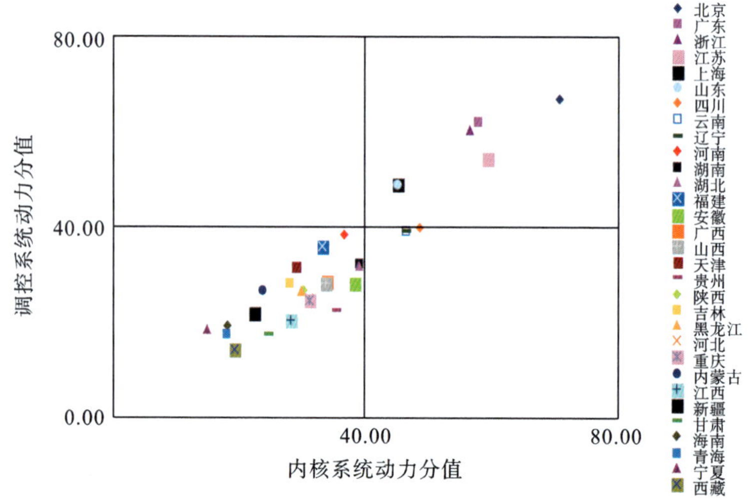

图 6-1 基于动力类型的文化旅游产业创新系统分类

2. 文化旅游产业创新系统演化路径

结合图 6-1，并从系统科学视角分析我国不同类型文化旅游产业创新系统演化过程，其类型演化路径大致可分为两种类型。第一种类型，即Ⅲ型→Ⅳ型→Ⅰ型。这种类型主要针对文化旅游产业本底要素天生较为薄弱的省(区、市)。这些省(区、市)在发展过程中首先要经历文化旅游资源不断开发与积累的过程，文化

旅游资源本底要素的不断丰富并匹配相应的产业扶植政策，为其创造良好的外部环境，最后演化为内核动力分值与调控动力分值高且相互匹配的类型。第二种类型，即Ⅲ型→Ⅱ型→Ⅰ型。这种类型演化路径主要是针对已经具有较高品质文化旅游本底要素的省(区、市)，在今后的文化旅游发展过程中，给予更加优惠的产业扶植政策，便可促使其实现类型转变，逐渐由内核动力分值和调控动力分值高低不均的类型演化为二者分值均高的类型(图 6-2)。

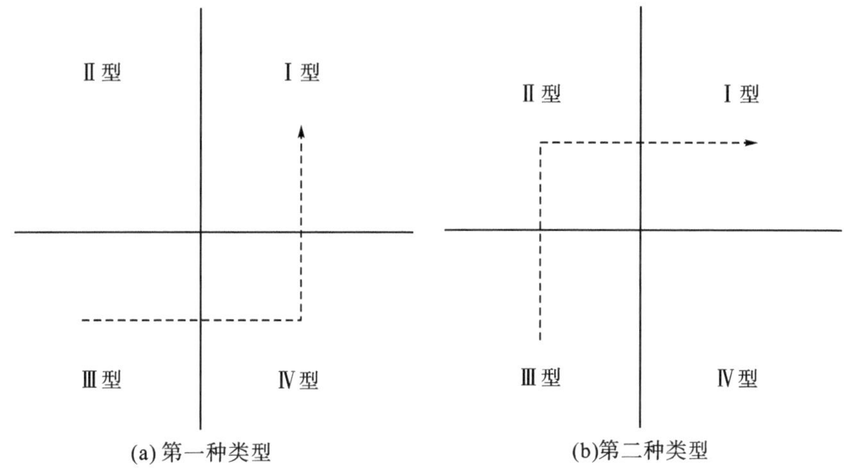

注：-----► 表示文化旅游类型的演化路径

图 6-2　基于动力机制的文化旅游类型演化路径图

3. 31 个省(区、市)类型特点及演化路径解析

31 个省(区、市)类型特点及演化路径解析如下。

1) Ⅰ型

内核动力分值和调控动力分值均高。属于此类型的有北京、广东、浙江、江苏、上海和山东。以北京为例，其对应的坐标为(70.45, 66.75)，表明其内核动力分值和调控动力分值都比较高，明显领先于其他省(区、市)。这与北京作为全国政治、经济、文化中心的角色定位密不可分。此类型省(区、市)由于内核与调控指标处于分值高且匹配发展的状态，未来其演化主要以转型升级、提质增效为目标。

2) Ⅱ型

内核动力分值较低，调控动力分值较高。31 个省(区、市)中目前无一属于该种类型。其原因在于内核动力分值是各省(区、市)文化旅游本底要素优劣的反映；调控动力分值则是各省(区、市)文化旅游发展外部环境的反映。如果一个省(区、市)文化旅游本底要素较为欠缺，即便是拥有发展文化旅游良好的外部环境，同样会出现文化旅游产业发展疲软的现象。

3) Ⅲ型

内核动力分值和调控动力分值都比较低。31 个省(区、市)中有 22 个属于该类型，占比约为 71%。这反映了我国各省(区、市)文化旅游发展水平整体较低的现状。以西藏为例，其对应的坐标为(18.98, 14.10)，表明其内核动力分值和调控动力分值都处于较低水平，这与其处于西部内陆高原，对外开放程度、经济发展水平较低的现状相符。上述 22 个省(区、市)文化旅游产业面临两种演化路径：①首先通过改善文化旅游产业发展制度环境、投资环境，加强人才培养，发展平台等措施，增强其自身调控能力；然后通过文化旅游产业内核与调控系统正反馈循环与耦合演化发展，促进其文化旅游资源、产品的挖掘与开发，形成良好的互动发展关系，文化旅游产业内核与调控指标分值高且匹配发展，从而形成Ⅲ型→Ⅱ型→Ⅰ型的演化路径；②采取与上一演化路径不同的方式，首先大力培育区域内创新主体，增强文化旅游产业创新能级，通过系统、深入挖掘区域自身文化旅游资源与产品，重点扶持文化旅游创意与创新产品开发，提升区域文化旅游产业内核动力系统，并辅之以相应的外部调控动力系统，使其最终走向两个指标分值高且匹配发展的演化路径：Ⅲ型→Ⅳ型→Ⅰ型。

4) Ⅳ型

内核动力分值较高，调控动力分值较低。属于该类型的省份有 3 个，分别是云南、辽宁、四川。以云南为例，其对应的坐标为(46.14，38.98)，就这两项分值而言，可以说其处于全国 31 个省(区、市)的中上水平。比较而言，其与Ⅰ型省(区、市)有较大差距。但与Ⅲ型相比，无论是在资源还是政策环境上都具有比较优势。在今后的发展过程中，通过对文化旅游资源深度挖掘、文化旅游品牌塑造、文化旅游产业投入等方面给予支持，其文化旅游产业发展潜力巨大。此类型省(区、市)由于内核动力分值高，调控动力分值低，未来主要是提升调控动力分值并匹配其丰富的文化旅游资源与产品，形成鲜明的文化旅游品牌形象，实现从Ⅳ型转为Ⅰ型的演化路径。

6.4.2 文化旅游产业创新系统集聚模式划分

前述已对文化旅游创新系统集聚模型(PEF 模型)的构建、求解过程、量测结果分析以及文化旅游创新系统类型划分做了详细叙述。在此基础上，还可以进一步发掘基于动力机制的文化旅游产业创新系统分级分类模式，以及各种集聚模式的基本特征与主要对策。其中，文化旅游产业创新系统的一级模式由该系统中的一级系统决定，在平行四边形运算中，当内核动力合力 F_I 大于调控动力合力 F_R 时，是内核动力主导型模式；反之，则为调控动力主导型模式。同理可知，文化旅游产业创新系统的二级模式由系统中的子系统决定。在内核动力主导型模式中，内核动力分力中最大的分力决定了二级模式的类型；同理，在调控动力主导型模式中，调控动力分力中最大的分力决定了二级模式的类型(表 6-5)。

表 6-5　文化旅游创新系统分类模式表

一级模式	二级模式	基本特征	促使系统发展的主要对策
内核动力主导型	资源禀赋子系统主导型 创新主体子系统主导型 产业实力子系统主导型 创新能级子系统主导型	各子系统的构成指标组合关系体现了子系统的模式选择，主要指标起到了主要作用	子系统中各指标的组合关系就是制定促使系统不断发展的主要依据
调控动力主导型	政策环境子系统主导型 成果共享子系统主导型 市场环境子系统主导型 对外开放子系统主导型	各子系统的构成指标组合关系体现了子系统的模式选择，主要指标起到了主要作用	子系统中各指标的组合关系就是制定促使系统不断发展的主要依据

根据表 6-5 的分级分类模式，结合表 6-2～表 6-4 各省(区、市)文化旅游创新系统综合动力分值、内核动力分值、调控动力分值以及各二级子系统动力分值计算结果可得出以下结论。

1. 一级分类模式

以广东为例，其内核动力分值和调控动力分值分别为 57.67 分和 61.99 分，因其调控动力分值大于内核动力分值，则表示该省份的文化旅游创新系统一级分类模式是调控动力主导型，属于该类模式的省(区、市)还包括浙江、上海、河南、福建、天津、吉林、内蒙古、海南、宁夏等；相反，当内核动力分值大于调控动力分值时，则该省(区、市)的一级分类模式则属于内核动力主导型，包括北京、江苏、山东、四川、云南、辽宁、湖南、湖北、安徽、广西、山西、贵州、陕西、黑龙江、河北、重庆、江西、新疆、甘肃、青海、西藏。

2. 二级分类模式

同样以广东为例，其调控系统由政策环境子系统、成果共享子系统、市场环境子系统和对外开放子系统 4 个二级子系统构成，动力分值分别为 68.39、35.78、57.98 和 75.37。对外开放子系统的分值最高，说明广东的文化旅游创新系统二级分类模式为对外开放子系统主导型；同理，北京的内核子系统中资源禀赋子系统、创新主体子系统、产业实力子系统和创新能级子系统的动力分值分别为 63.52、77.00、49.60、86.98，创新能级子系统动力分值最高，说明北京的文化旅游创新系统二级分类模式为创新能级子系统主导型。依次类推，可以得出其他省(区、市)的二级分类模式。

3. 针对模式的发展对策

一级模式和二级模式都表示该省(区、市)具有比较优势的产业条件。如果一个省(区、市)为内核系统主导型模式，则表示其调控系统在一定程度上制约了该省(区、市)文化旅游产业创新系统的发展，在今后的发展过程中需要加大扶植力度，改善调控系统的状况，从而使内核系统和调控系统协调发展，共同促进整个文化旅游产业的不断发展。反之，对调控系统主导型的省(区、市)，需要制定针对性措施，增强其内核系统的竞争力。

参 考 文 献

阿伦·斯科特, 2005. 文化产业: 地理分布与创意领域[M]//林拓, 李惠斌, 薛晓源. 世界文化产业发展前沿报告(2003—2004). 北京: 社会科学文献出版社.

爱德华·泰勒, 2005. 原始文化[M]. 连树声, 译. 桂林: 广西师范大学出版社.

艾菊红, 2007. 文化生态旅游的社区参与和传统文化保护与发展——云南三个傣族文化生态旅游村的比较研究[J]. 民族研究(4): 49-58.

艾什比 W R, 1965. 控制论导论[M]. 张理京, 译. 北京: 科学出版社.

鲍洪杰, 王生鹏, 2010. 文化产业与旅游产业的耦合分析[J]. 工业技术经济, 29(8): 74-78.

陈友龙, 刘沛林, 王良健, 等, 2005. 基于谱分析方法的中国旅游业波动周期研究[J]. 湖南社会科学(2): 104-107.

陈忠, 1995. 系统演化的趋极性原理[J]. 科学技术与辩证法, 12(2): 9-13.

戴伦·J. 蒂莫西, 斯蒂芬·W. 博伊德, 2007. 遗产旅游[M]. 程尽能, 译. 北京: 旅游教育出版社.

戴志望, 2008. 文化产业兴起与发展的内在规律[J]. 厦门理工学院学报, 16(3): 66-70.

戴春芳, 王志凡, 2010. 张家界旅游产业集群创新系统分析[J]. 广西轻工业(3): 98-100.

丁焕峰, 陈烈, 2002. 大城市边缘山地旅游创新系统初步研究——以深圳市凤凰山为例[J]. 山地学报, 20(3): 307-312.

丁丽英, 2002. 浅谈中国的文化旅游[J]. 湖北社会科学(12): 42-43.

董桂玲, 2009. 动漫业和旅游业产业融合的动力机制研究[J]. 经济研究导刊, (32): 40-41, 68.

恩斯特·卡西尔, 1985. 人论[M]. 甘阳, 译. 上海: 上海译文出版社.

冯淑华, 沙润, 2006. 从混沌理论哲学观对旅游学混沌态及学科体系探讨[J]. 旅游学刊, 21(9): 54-58.

冯臻, 2015. 文化产业创新系统构建的理论研究[J]. 甘肃社会科学(3): 72-75.

高军, 2013. 改革开放 35 年来北京入境旅游人数历时动态分析——基于年序列异常值剔除数据[J]. 经济管理, 35(9): 121-130.

龚绍方, 2008. 制约我国文化旅游产业发展的三大因素及对策[J]. 郑州大学学报(哲学社会科学版), 41(6): 67-69.

郭峦, 2012. 国内外旅游创新研究综述[J]. 创新, 6(2): 47-51, 127.

郭峦, 杨志红, 2012. 旅游创新系统的概念、特征及其构建意义[J]. 商业时代(36): 111.

郭丽华, 1999. 略论“文化旅游”[J]. 北京第二外国语学院学报(4): 42-45.

郭素婷, 2008a. 区域文化旅游产业的系统化运作[J]. 地域研究与开发, 27(6): 57-60.

郭素婷, 2008b. 区域文化旅游产业的系统运作机制[J]. 信阳师范学院学报(哲学社会科学版), 28(4): 79-82.

郭为藩, 2006. 全球视野的文化政策[M]. 台北: 心理出版社.

郭伟, 2005. 旅游地复合系统协调开发理论·方法·实证[M]. 北京: 地质出版社.

郭文, 2016. 空间的生产与分析: 旅游空间实践和研究的新视角[J]. 旅游学刊, 31(8): 29-39.

郭旃, 2002. 对世界遗产工作与旅游业关系的几点思考[J]. 旅游学刊, 17(6): 5-6.

韩民青, 2011. 论文化发展的特点与规律[J]. 贵州社会科学(6): 52-56.

韩顺法, 陶卓民, 肖泽磊, 2012. 我国区域文化创意指数的测度及经济增长效应[J]. 经济地理(4): 96-102.

何萍, 2013. 文化产业发展影响因素实证分析及对策研究——基于产业集聚与知识投入的交互效应[J]. 湖南财政经济学院学报, 29(6): 124-128.

胡惠林, 2006. 文化产业学[M]. 北京: 高等教育出版社.

胡惠林, 2013. 时间与空间文化经济学论纲[J]. 探索与争鸣(5): 10-16.

胡惠林, 王婧, 2012. 中国文化产业发展指数报告[M]. 上海: 上海人民出版社.

胡林, 2003. 略论旅游文化内涵的创新[J]. 江西社会科学(1): 221-223.

胡小海, 黄震方, 2017. 江苏区域文化资源与旅游经济耦合特征及其作用机制[J]. 江苏社会科学(1): 254-259.

黄龙光, 2017. 当前中国非物质文化遗产传承的三条路径[J]. 思想战线, 43(1): 150-155.

黄震方, 俞肇元, 黄振林, 等, 2011. 主题型文化旅游区的阶段性演进及其驱动机制——以无锡灵山景区为例[J]. 地理学报, 66(6): 831-841.

侯兵, 黄震方, 徐海军, 2011. 文化旅游的空间形态研究——基于文化空间的综述与启示[J]. 旅游学刊, 26(3): 70-77.

姜琳, 金蝉, 梁玲, 2013. 工业化进程与创意产业演进机理研究: 美国的经验与启示[J]. 武汉大学学报(哲学社会科学版), 66(2): 114-119.

江凌, 2003. 文化娱乐产业的品牌战略[J]. 当代经理人(5): 74-75.

金观涛, 2005. 系统的哲学[M]. 北京: 新星出版社.

匡林, 2000. 中国旅游业周期波动分析[J]. 旅游学刊, 20(2): 9-17.

雷云云, 2017. 山西文化旅游产业集群风险治理研究[J]. 商业经济(2): 77-78.

黎洁, 李垣, 2001. 历史文化名城文化产业与旅游产业整合创新的目标模式研究——以云南大理为例[J]. 思想战线, 27(1): 63-65.

李炳彦, 2004. 大谋略与新军事变革[M]. 北京: 解放军出版社.

李杰, 2013. 文化旅游空间理论体系构建研究: 基于产业融合互动视角[D]. 贵阳: 贵州财经大学.

李景宜, 2003. 突发事件对我国入境旅游业的影响[J]. 洛阳师范学院学报(3): 41-43.

李蕾蕾, 张晗, 卢嘉杰, 等, 2005. 旅游表演的文化产业生产模式: 深圳华侨城主题公园个案研究[J]. 旅游科学, 19(6): 44-51.

李美云, 2008. 论旅游景点业和动漫业的产业融合与互动发展[J]. 旅游学刊, 23(1): 56-62.

李巧玲, 2003. 文化旅游及其资源开发刍议[J]. 湛江师范学院学报, 24(2): 87-90.

李顺, 2004. 对我国文化旅游开发的几点思考[J]. 天津市职工现代企业管理学院学报(4): 5-6.

李微微, 2006. 基于演化理论的区域创新系统研究[D]. 天津: 天津大学.

李玺, 毛蕾, 2009. 澳门世界文化遗产旅游的创新性开发策略研究[J]. 旅游学刊, 8(24): 53-57.

李亚洲, 刘松龄, 2013. 广州骑楼街旅游发展驱动机制及开发策略探析[J]. 城市规划学刊(7): 70-76.

李永菊, 2011. 文化创意旅游产业的内涵[J]. 中国集体经济(5): 137-138.

李中, 孟繁强, 2015. 旅游产业融合——战略·范例·实践[M]. 北京: 中国旅游出版社.

厉无畏, 王慧敏, 2001. 产业发展的趋势研判与理性思考[J]. 中国工业经济(4): 5-11.

厉无畏, 王慧敏, 孙洁, 2007. 创意旅游: 旅游产业发展模式的革新[J]. 旅游科学, 21(6): 1-5.

梁艺桦, 杨新军, 马晓龙, 2004. 区域旅游合作演化与动因的系统学分析——兼论“西安咸阳旅游合作”[J]. 地理与地理信息科学, 20(3): 105-108.

刘定惠, 杨永春, 2011. 区域经济—旅游—生态环境耦合协调度研究——以安徽省为例[J]. 长江流域资源与环境, 20(7): 892-896.

刘峰, 1999. 旅游系统规划——一种旅游规划新思路[J]. 地理学与国土研究, 15(1): 56-60.

刘峰, 2000. 旅游系统规划的实施途径与案例研究——以宁夏回族自治区为例[J]. 地理科学进展, 19(3): 237-243.

刘改芳, 张东燕, 2008. 文化遗产类旅游景区解说系统评价——以平遥古城为例[J]. 山西大学学报(哲学社会科学版), 31(5): 96-100.

刘改芳, 杨威, 2013. 基于 DEA 的文化旅游业投资效率模型及实证分析[J]. 旅游学刊, 28(1): 77-84.

刘艳兰, 2009. 实景演艺: 文化与旅游产业融合的业态创新——以桂林阳朔《印象・刘三姐》为例[J]. 黑龙江对外经贸(8): 105-111.

刘志勇, 王伟年, 2009. 论创意产业与旅游产业的融合发展[J]. 企业经济(8): 127-130.

卢克・拉斯特, 2008. 人类学的邀请[M]. 王媛, 徐默, 译. 北京: 北京大学出版社.

陆晓清, 2009. 论网络游戏业与旅游业的产业融合[J]. 重庆邮电大学学报(社会科学版), 21(1): 42-45.

罗伯特・麦金托什, 夏希肯特・格波特, 1985. 旅游学——要素·实践·基本原理[M]. 蒲红, 方宏, 张华岩, 等译. 上海: 上海文化出版社.

罗富民, 2007. 汇率变动对我国入境旅游需求的影响研究——来自日本对华旅游的实证[J]. 工业技术经济, 26(8): 86-88.

孟晓驷, 2004. 文化产业发展机理解析[J]. 文化市场(3): 4-8.

马克思, 2004. 资本论: 第 1 卷[M]. 北京: 人民出版社.

马克思, 恩格斯, 1995. 马克思恩格斯选集[M]. 中共中央马克思恩格斯列宁斯大林著作编译局, 译. 北京: 人民出版社.

马克斯・霍克海默, 西奥多・阿多诺, 2020. 启蒙辩证法——哲学断片[M]. 渠敬东, 曹卫东, 译. 上海: 上海人民出版社.

马波, 2001. 现代旅游文化学[M]. 青岛: 青岛出版社.

马静, 2011. 文化旅游目的地品牌的打造[J]. 内蒙古科技与经济(18): 16-18.

马勇, 陈慧英, 2012. 旅游文化产业竞争力综合评价指标体系构建研究[J]. 中南林业科技大学学报(社会科学版), 6(1): 4-7.

蒙吉军, 崔凤军, 2001. 北京市文化旅游开发研究[J]. 北京联合大学学报, 15(1): 139-143.

彭亮, 2010. 产业互动模式的背景及其现实因应[J]. 改革(10): 68-72.

彭新武, 2003. 复杂性思维与社会发展[M]. 北京: 中国人民大学出版社.

彭新武, 谭克虎, 2002. 社会演化的复杂性分析[J]. 东南学术(3): 89-94.

祁述裕, 韩骏伟, 2006. 新兴文化产业的地位和文化产业发展趋势[J]. 马克思主义与现实(5): 97-101.

任冠文, 2009. 文化旅游相关概念辨析[J]. 旅游论坛, 2(2): 159-162.

苏卉, 2012. 文化旅游产业的融合发展及政府规制改革研究[J]. 资源开发与市场, 28(11): 1044-1045.

宋慧林, 宋海岩, 2013. 国外旅游创新研究评述[J]. 旅游科学, 27(2): 1-13.

宋立中, 2014. 国外非物质文化遗产旅游研究综述与启示——基于近 20 年 ATR、TM 文献的考察[J]. 世界地理研究, 23(4): 136-147.

宋振春, 李秋, 2011. 城市文化资本与文化旅游发展研究[J]. 旅游科学, 25(4): 1-9.

宋振春, 纪晓君, 吕璐颖, 等, 2012. 文化旅游创新体系的结构与性质研究[J]. 旅游学刊, 27(2): 80- 87.

孙根年, 2001. 西安市境外旅游业发展的动态趋势及波动周期[J]. 西北大学学报(自然科学版), 31(6): 514-517.

石杰, 司志浩, 2008. 文化创意产业概论[M]. 北京: 海洋出版社.

石艳, 2012. 产业融合视角下的旅游产业与文化产业互动发展研究[J]. 山东财政学院学报, 24(2): 109-114.

谭长贵, 2001. 经济运行规则——动态平衡态势论[J]. 社会科学辑刊(1): 69-75.

谭长贵, 2007. 复杂适应系统的主体性存在与实现[J]. 学术研究(4): 66-71.

瓦尔特·本雅明, 2002. 机械复制时代的艺术作品[M]. 王才勇, 译. 北京: 中国城市出版社.

汪清蓉, 2005. 文化产业与旅游产业整合创新模式研究——以佛山市文化与旅游产业为例[J]. 广东商学院学报(1): 68-72.

王彩虹, 孙根年, 马耀峰, 2004. 20 年来中国入境旅游业的波动周期及影响因素[J]. 宁夏大学学报(自然科学版), 25(2): 174-179.

王慧敏, 2007. 旅游产业的新发展观: 5C 模式[J]. 中国工业经济(6): 13-20.

王家骏, 1999. 旅游系统: 整体理解旅游的钥匙[J]. 无锡教育学院学报, 19(1): 66-69.

王明明, 党志刚, 钱坤, 2009. 创新系统模型的构建研究——以中国石化产业创新系统模型为例[J]. 科学学研究, 27(2): 295-301.

王润, 刘家明, 2012. 旅游产业集群研究综述[J]. 地理科学进展, 31(10): 1407-1412.

王伟年, 2009. 我国旅游演艺发展的驱动因素分析[J]. 井冈山大学学报(社会科学版), 30(7): 87-91.

王曦, 2014. 论体育文化对经济发展的影响——以 2010 南非世界杯为例[D]. 西安: 西安体育学院.

王兆峰, 2010. 湘西凤凰县民族文化旅游创意产业商业模式研究[J]. 湖南师范大学学报(社会科学版)(2): 88-92.

王兆峰, 黄喜林, 2010. 文化旅游创意产业发展的动力机制与对策研究[J]. 山东社会科学(9): 118-122.

王志宇, 张诺, 2013. 大同市文化旅游产业创新体系研究[J]. 科技经济市场(1): 25-26.

威廉·费勒, 2006. 概率论及其应用[M]. 3 版. 胡迪鹤, 译. 北京: 人民邮电出版社.

魏爱苗, 2012. 现场感受 2012 年慕尼黑啤酒节[N]. 经济日报, 8(4). 2012-10-6.

魏江, 2004. 创新系统演进和集群创新系统构建[J]. 自然辩证法通讯, 26(1): 48-53.

魏小安, 1996. 旅游文化与文化旅游[M]. 北京: 旅游教育出版社.

韦复生, 2011. 耦合与创新: 民族文化创意与区域旅游发展——西部民族地区经济结构调整与发展的新视角[J]. 广西民族研究(1): 174-179.

吴必虎, 1998. 旅游系统: 对旅游活动与旅游科学的一种解释[J]. 旅游学刊, 13(1): 21-25.

吴金梅, 宋子千, 2011. 产业融合视角下的影视旅游发展研究[J]. 旅游学刊, 26(6): 29-35.

吴丰林, 方创琳, 赵雅萍, 2010. 城市产业集聚动力机制与模式研究进展[J]. 地理科学进展, 29(10): 1201-1208.

吴丰林, 方创琳, 赵雅萍, 2011. 城市产业集聚动力机制与模式研究的 PAF 模型[J]. 地理研究, 30(1): 71-82.

吴人韦, 1999. 旅游系统的结构与功能[J]. 城市规划汇刊(6): 19-21.

吴兴帜, 2016. 文化遗产的原真性研究[J]. 西南民族大学学报(人文社科版)(3): 1-6.

夏小莉, 2011. 民族文化创意旅游产业发展机理与发展模式[J]. 经济研究导刊(31): 189-190.

谢晓丹, 2015. 文化旅游创新系统演化机制与规律研究[D]. 贵阳: 贵州财经大学.

谢彦君, 2005. 基础旅游学[M]. 北京: 中国旅游出版社.

肖宏, 2014. 文化旅游产业集群模型构建及效用分析研究[D]. 贵阳: 贵州财经大学.

徐菊凤, 2005. 旅游文化与文化旅游: 理论与实践的若干问题[J]. 旅游学刊, 20(4): 67-72.

徐虹, 范清, 2008. 我国旅游产业融合的障碍因素及其竞争力提升策略研究[J]. 旅游科学, 22(4): 1-5.

徐琪, 2007. 长三角区域旅游合作的创新体系研究[J]. 南京晓庄学院学报(1): 48-51.

徐嵩龄, 2003. 中国的世界遗产管理之路——黄山模式评价及其更新(中)[J]. 旅游学刊, 18(1): 44-50.

许峰, 2002. 会展旅游的概念内涵与市场开发[J]. 旅游学刊, 17(4): 56-59.

颜泽贤, 范冬萍, 张华夏, 2006. 系统科学导论——复杂性探索[M]. 北京: 人民出版社.

杨春宇, 黄震方, 毛卫东, 2009a. 基于系统科学的旅游地演化机制及规律性初探[J]. 旅游学刊, 24(3): 55-62.

杨春宇, 黄震方, 毛卫东, 2009b. 旅游地复杂系统演化理论之基本问题探讨[J]. 中国人口・资源与环境, 19(5): 123-130.

杨春宇, 黄震方, 毛卫东, 2009c. 旅游地复杂系统演化理论研究流派、进程与展望[J]. 人文地理, 24(3): 66-70.

杨春宇, 邢洋, 左文超, 等, 2016. 文化旅游产业创新系统集聚研究——基于全国 31 省市的 PEF 实证分析[J]. 旅游学刊, 31(4): 81-96.

杨娇, 2008. 旅游产业与文化创意产业融合的研究[J]. 全国商情(经济理论研究)(20): 101-103.

杨猛, 石培基, 2006. 创新思维与西夏文化旅游开发[J]. 宁夏社会科学(5): 127-130.

杨新军, 刘家明, 1998. 论旅游功能系统——市场导向下旅游规划目标分析[J]. 地理学与国土研究, 14(1): 59-62.

杨颖, 2008. 产业融合: 旅游业发展趋势的新视角[J]. 旅游科学, 22(4): 6-10.

杨颖, 2009. 旅游业与创意产业的融合——基于产业比较视角的研究[J]. 南京人口管理干部学院学报, 25(1): 67-70.

姚国荣, 陆林, 王海军, 2015. 皖南国际文化旅游示范区发展演变过程及驱动机制[J]. 经济地理, 35(9): 202-207.

姚慧丽, 任兰存, 2012. 基于生态位的江苏省 13 城市文化创意旅游产业竞争力比较[J]. 江苏科技大学学报(社会科学版), 12(1): 76-82.

姚洁, 2006. 红色旅游与体育旅游资源融合开发可行性分析[J]. 体育文化导刊(6): 58-59.

叶娅丽, 陈学春, 余宜娴, 2009. 汶川地震后四川旅游业恢复与重建对策探讨[J]. 成都纺织高等专科学校学报, 26(1): 41-45.

叶智魁, 2002. 文化发展与文化产业[J]. 哲学杂志(38): 4-25.

尹贻梅, 刘志高, 2006. 旅游产业集群存在的条件及效应探讨[J]. 地理与地理信息科学, 22(6): 98-102.

尹贻梅, 鲁明勇, 2009. 民族地区旅游业与创意产业耦合发展研究——以张家界为例[J]. 旅游学刊, 24(3): 42-48.

于岚, 2000. 文化旅游概念不宜泛化[J]. 北京第二外国语学院学报(3): 78-79.

约瑟夫・熊彼特, 1990. 经济发展理论——对于利润、资本、信贷、利息和经济周期的考察[M]. 何畏, 易家详, 张军扩, 等, 译. 北京: 商务印书馆.

袁俊, 2011. 深圳市旅游业与文化产业互动发展模式研究[J]. 热带地理, 31(1): 82-87.

曾琪洁, 吕丽, 陆林, 等, 2012. 文化创意旅游需求及其差异性分析——以上海世博会为例[J]. 旅游学刊, 27(5): 103-111.

曾艳芳, 2013. 近二十年国外旅游创新研究评述与展望[J]. 华东经济管理, 27(3): 161-165.

张春香, 刘志学, 2007. 基于系统动力学的河南省文化旅游产业分析[J]. 管理世界(5): 152-154.

张国洪, 2001. 中国文化旅游——理论、战略、实践[M]. 天津: 南开大学出版社.

张海燕, 王忠云, 2010. 基于产业融合的文化旅游业竞争力评价研究[J]. 资源开发与市场, 26(8): 743-746.

张河清, 王蕾蕾, 田晓辉, 2010. 区域旅游产业集聚绩效及竞争态势比较研究——基于广东省 21 个城市的实证分析[J]. 经济地理, 30(12): 2116-2121.

张宏梅, 陆林, 2004. 中国入境旅游者增长的周期性波动[J]. 安徽师范大学学报(自然科学版), 27(4): 457-460.

张建, 2009. 都市创意产业与旅游产业融合发展的态势及其整合对策研究[J]. 旅游论坛, 2(1): 76-81.

张邱汉琴, 1999. 论国民收入、货币兑换率及罪案率对访港旅客的重要性[J]. 旅游学刊(2): 71-74.

张锐鸿, 2012. 关于加快推进文化产业发展的几点思考[J]. 福建教育学院学报(1): 34-36.

张玉蓉, 郑涛, 2011. 重庆文化创意旅游产品的 SWOT 分析及发展思路探讨[J]. 江苏商论(1): 147-149.

张伟, 2013. 文化旅游创新体系的结构与性质研究[J]. 旅游纵览(7): 279.

张文, 1997. 构造一个基于关系的旅游系统的讨论[J]. 北京第二外国语学院学报(4): 32-43.

张晓萍, 李鑫, 2010. 基于文化空间理论的非物质文化遗产保护与旅游化生存实践[J]. 学术探索(6): 105-109.

张小军, 2012. 人类学研究的“文化范式”:“波粒二象性”视野中的文化与社会[J]. 中国农业大学学报(社会科学版), 29(2): 66-77.

张琰飞, 朱海英, 2012. 文化产业与旅游产业耦合发展的区域差异分析——基于省际面板数据的实证研究[J]. 华东经济管理, 26(10): 54-59.

张一平, 2001. 论世界历史的稳定与振荡[J]. 海南师范学院学报(人文社会科学版), 14(1): 28-32.

张振鹏, 刘小旭, 2017. 中国文化产业生态系统论纲[J]. 济南大学学报(社会科学版), 27(2): 115-123.

赵红梅, 2014. 论旅游文化——文化人类学视野[J]. 旅游学刊, 29(1): 16-26.

赵蕾, 黄猛, 2006. 影视旅游的五种模式[N]. 中国旅游报. 2006-6-5.

郑斌, 刘家明, 杨兆萍, 2008. 基于“一站式体验”的文化旅游创意产业园区研究[J]. 旅游学刊, 23(9): 49-53.

植草益, 2001. 信息通讯业的产业融合[J]. 中国工业经济(2): 24-27.

周彬, 钟林生, 孙琨, 等. 2013. 青海省民族文化创意旅游发展的 SWOT 分析及对策[J]. 干旱区资源与环境, 27(11): 192-196.

周薇, 2006. 开放兼容是文化发展的普遍形式和规律[J]. 广东社会科学(2): 11-17.

朱竑, 戴光全, 保继刚, 2004. 历史文化名城苏州旅游产品的创新和发展[J]. 世界地理研究, 4(13): 94-101.

朱竑, 封丹, 王彬, 2008. 全球化背景下城市文化地理研究的新趋势[J]. 人文地理, 23(2): 6-10.

朱梅, 魏向东, 2014. 国内外文化旅游研究比较与展望[J]. 地理科学进展, 3(9): 1262-1278.

朱桃杏, 陆林, 2005. 近 10 年文化旅游研究进展——《Tourism Management》、《Annals of Tourism Research》和《旅游学刊》研究评述[J]. 旅游学刊, 20(6): 82-88.

庄大昌, 2006. 南京文化旅游深度开发策略研究[J]. 商业研究(16): 203-209.

庄清娥, 2008. 基于产业融合视角的会展旅游分析[J]. 铜陵学院学报, 7(2): 55-57.

宗刚, 赵晓东, 2013. 啤酒节对主办城市的影响效益分析——慕尼黑啤酒节与青岛啤酒节的比较[J]旅游学刊, 28(5): 72-79.

Asheim B T, Isaksen A, 2002. Regional innovation systems: The integration of local "sticky" and global "ubiquitous" knowledge[J]. Journal of Technology Transfer, 27(1): 77-86.

Bunge M, 1981. Scientific Materialism[M]. Dordrecht: D. Reidel Publishing Company.

Bunten A C, 2008. Sharing culture or selling out? Developing the commodified persona in the heritage industry[J]. American Ethnologist, 35(3): 380-395.

Butler R W, 1980. The concept of a tourist area cycle of evolution: Implications for management of resources[J]. Canadian Geographer, 24(1): 5-12.

Christiansen E M, 1995. Book review of the entertainment industry economics: A guide for financial analysis, third edition[J]. Journal of Gambling Studies, 11(4): 381-385.

Cooke P, Morgan K, 1998. The Associational Economy: Firms, Regions and Innovation[M]. Oxford: Oxford University Press.

Cohen E, 1993. The heterogeneization of a tourist art[J]. Annals of Tourism Research, 20(1): 138-163.

Daniel Y P, 1996. Tourism dance performances authenticity and creativity[J]. Annals of Tourism Research, 23(4): 780-797.

Edquist C, 1997. System of Innovation: Technologies, Institutions and Organizations[M]. London: Routledge.

Freeman C, 1987. Technology Policy and Economic Performance: Lessons from Japan[M]. London: Pinter Pub Ltd.

Gaines B R, 1979. General systems research: Quo vadis[J]. General Systems: Yearbook of the Society for General Systems Research(24): 1-9.

Gambardella A, Torrisi S, 1998. Does technological convergence imply convergence in markets? Evidence from the electronics industry[J]. Research Policy, 27(5): 445-463.

Graburn N H H, 1989. Tourism: The Sacred Journey[M]//Smith V L. Hosts and Guests: The Anthropology of Tourism(2nd). Philadelphia: University of Pennsylvania Press.

Getz D, 1997. Event Management& Event Tourism[M]. New York: Cognizant Communication Corporation.

Gunn C A, Var T, 2002. Tourism Planning: Basics Concepts Cases(4th ed) [M]. New York: Routledge.

Greenstein S, Khanna T, 1997. What does industry convergence mean?[C]. Yoffie D B. Competing in the Age of Digital Convergence. Cambridge: Harvard Business Schhool Press.

Hamilton J M, Maddison D J, Tol R S J, 2005. Climate change and international tourism: A simulation study[J]. Global Environmental Change, 15(3): 253-266.

Hjalager A M, 1997. Innovation patterns in sustainable: An analytical typology[J]. Tourism Management, 18(1): 35-41.

Hjalager A M, 2002. Repairing innovation defectiveness in tourism[J]. Tourism Management, 23(5): 465-474.

Hjalager A M, 2009. Cultural tourism innovation systems-The Roskilde Festival[J]. Scandinavian Journal of Hospitality and Tourism(9): 266-287.

Horkheimer M, Adorno T W, 2002. Dialectic of Enlightenment[M]. Palo Alto: Stanford University Press.

Hu Y Z, Ritchie J R B, 1993. Measuring destination attractiveness: A contextual approach[J]. Journal of Travel Research(2): 25-34.

Jackson J, Murphy P, 2006. Clusters in regional tourism: An Australian case[J]. Annals of Tourism Research, 33(4): 1018-1035.

Jamieson W, 1994. The challenge of cultural tourism[J]. Canadian Tourism Bulletin, 3(3): 3-4.

Krugman P, 1991. Trade and Geography[M]. Cambridge: MIT Press.

Lee M J, Back K, 2005. A review of economic value drivers in convention and meeting management research[J]. International Journal of Computer Hospitality Management, 17(5): 409-420.

Legohérel P, Daucé B, Hsu C H C, et al., 2009. Culture, time orientation, and exploratory buying behavior[J]. Journal of International Consumer Marketing(21): 93-107.

Leiper N, 1979. The framework of tourism: Towards a definition of tourism, tourist, and the tourist industry[J]. Annals of Tourism Research, 6(4): 390-407.

Leiper N, 1990. Tourism Systems: An Interdisciplinary Perspectives[M]. Palmerston North: Massey University.

Leiper N, 1995. Tourism Management[M]. Collingwood: TAFE Publications.

Li Y P, Lo R L B, 2004. Applicability of the market appeal-robusticity matrix: A case study of heritage tourism[J]. Tourism Management, 25(6): 789-800.

Lise W, Tol R S J, 2002. Impact of climate on tourism demand[J]. Climatic Change(4): 429-449.

Malerba F, 2006. Innovation and the evolution of industries[J]. Journal of Evolutionary Economics, 16(1): 3-23.

Manzereiter W, 2010. The Beijing Games in the western imagination of China: The weak power of soft power[J]. Journal of Sport & Social Issues, 34(1): 29-48.

Mason K, 2004. Sound and meaning in aboriginal tourism[J]. Annals of Tourism Research, 31(4): 837-854.

Mattsson J, Sundbo J, Fussing-Jensen C, 2005. Innovation systems in tourism: The role of the attractors and scene-takers[J]. Industry and Innovation, 12(3): 357-381.

McKercher B, 1999. A chaos approach to tourism[J]. Tourism Management, 20(4): 425-434.

McKercher B, Hilary C, 2002. Cultural Tourism: The Partnership Between Tourism and Cultural Heritage Management[M]. New York: Hayworth Hospitality Press.

McKercher B, Ho P S Y, Cros H D, 2005. Relationship between tourism and cultural heritage management: Evidence from Hong Kong[J]. Tourism Management, 26(4): 539-548.

Mehrizi M H R, Pakneiat M, 2008. Comparative analysis of sectoral innovation system and diamond model[J]. Journal of Technology Management and Innovation, 3(3): 78-90.

Miozzo M, Soete L, 2001. Internationalization of services. A technological perspective[J]. Technological Forecasting and Social Change, 67(7): 159-185.

Munsters W, 1996. Cultural tourism in belgium[C]//Richardss S G. Culture Tourism in Europe. CAB International: 136-159.

Mill R C, Morrison A M, 1985. The Tourism System[M]. Dubuque County: Kendall Hunt.

Nelson R R, 1993. National Systems of Innovation: A Comparative Analysis[M]. Oxford: Oxford University.

Novelli M, Schmitz B, Spencer T, 2006. Networks, clusters and innovation in tourism: A UK experience[J]. Tourism Management, 27(6): 1141-1152.

OECD, 1997. National Innovation Systems[M]. Paris: OECD.

Pavitt K, 1984. Sectoral patterns of technical change: Towards a taxonomy and a theory[J]. Research Policy, 16(6): 343-373.

Pizam A, Pine R, Mok C, et al., 1997. Nationality versus industry cultures: Which has greater effect on managerial behaviour? [J]. International Journal of Hospitality Management, 16(2): 127-145.

Potts J, 2009. Why creative industries matter to economic evolution[J]. Economics of Innovation and New Technology, 18(7): 663-673.

Porter M E, 1998. Clusters and the new economics of competition[J]. Harvard Business Review(11): 77-90.

Reisinger Y, 1994. Tourist-host contact as a part of cultural tourism[J]. World Leisure and Recreation, 36(2): 24-28.

Richards G, Wilson J, 1996. Producting and consumption of european cultural tourism[J]. Annals of Tourism Research, 23(2): 261-283.

Richards G, Munsters W, 2006. Developing creativity in tourist experiences: A solution to the serial reproduction of culture?[J]. Tourism Management, 27(6): 1209-1223.

Ritchie J R B, Smith B H, 1991. The impact of a mega-event on host region awareness: A longitudinal study[J]. Journal of Travel Research, 30(1): 3-10.

Roche M, 2000. Mega-events and Modernity: Olympics and Expos in the Growth of Global Culture[M]. London: Routledge.

Sessa A, 1988. The science of systems for tourism development[J]. Annals of Tourism Research, 15(2): 219-235.

Silberberg T, 1995. Cultural tourism and business opportunities for museums and heritage sites[J]. Tourism Management, 16(5): 361-365.

Stylianou-Lambert T, 2011. Gazing from home: Cultural tourism and art museums[J]. Annals of Tourism Research, 38(2): 403-421.

Sundbo J, 1997. Management of Innovation in Services[J]. The Service Industries Journal, 17(3): 432-455.

Sundbo J, Gallouj F, 2000. Innovation as a loosely coupled system in services[J]. International Journal of Service Technologies and Management, 1(1): 15-36.

Sundbo J, Orfila-Sintes F, Sorensen F, 2007. The innovative behaviour of tourism firms-comparative studies of Denmark and Spain[J]. Research Policy, 36(1): 88-106.

Tufts S, Milne S, 1999. Museums: A supply side perspective[J]. Annals of Tourism Research, 26(3): 613-631.

Van Doorn J W M, 1981. Can futures research contribute to tourism policy[J]. Tourism Management, 3(3): 149-166.

Whitson D, Macintosh D, 1996. The global circus: International sport, tourism, and the marketing of cities[J]. Journal of Sport & Social Issues, 20(3): 278-295.

Wood R E, 1984. Ethnic tourism, the state, and cultural change in Southeast Asia[J]. Annals of Tourism Research, 11(3): 353-374.